優渥叢書

哈佛、牛津認證的
子彈人脈
說話課

A practical guide to improve your communication skills.

快速破冰、打動人心，
跟誰都能有效溝通的**14**個技巧！

張心悅◎著

U0079633

目錄

| 第 3 章 |

破解與陌生人拉近距離！
——適用於業務拜訪、交友……

| 第 4 章 |

破解無法快速、精準表達重點時！
——適用於向下屬布達、上台演講……

前
言

所有的溝通難題，本書幫你一一解決！

2008 年，我在百度負責電話行銷團隊的培訓工作。這個團隊近兩千人，流動性很大，每個月都有 300 位新人入職。我的工作是把這些毫無銷售經驗的新員工，迅速培養為有效達成交易的電話銷售人員。

從那時開始，溝通訓練成為我的功課。我和團隊基於大量的一線工作經驗，構建了一套談話體系，並根據戴爾的經典銷售模型，開發了百度的「電話銷售五步法」課程。這些課程有重要的訓練價值，讓員工能掌握最基本的「談話套路」。

但之後業務部門對入職人員的「成交率」提出新的要求，我們發現只靠「套路」說話遠遠不夠，銷售人員還需

具備隨機應變的能力。而擁有這一能力的人必定情商高、會傾聽、能準確做出判斷、能控制情緒，能有效把握時機且因人而異表達。繼而，我們引進了耶魯 EQ-i 的情商訓練並取得了顯著的效果。

從心理學專業領域尋找答案

但是仍存在一些阻礙，有 15% 左右的受訓人員明顯被更大的問題困擾。例如，「網路真的有這麼大的價值嗎？」「你讓我們和客戶做朋友，可是我能賺朋友的錢嗎？」「企業來購買這個產品，價格會不會太高？」這些影響成交的困擾涉及「談話信念」，源自每個人的思維方式、價值觀和深層信念系統。

另外，還有 5% 左右的受訓人員，他們的性格特點明顯不適合高強度的銷售工作。他們對「拒絕」的耐受程度低，對於「目標感」不感興趣，其內在驅動力中不包括渴望對他人施加影響。這些都是很難經由訓練改變的人格特質，我稱其為「談話心智」，而日常的企業內部培訓，很難深入這些層面。

我帶著這些尚未解決的溝通問題，轉至心理學領域深造，繼續尋找答案。之後，我跟隨徐凱文博士完成了對精神動力治療和心理危機干預的學習，取得了心理諮詢師的

執照，成長為管理諮詢顧問和臨床心理諮詢師。我鑽進
「潛意識」的冰山之下，去尋找溝通訓練的終極答案，試
圖找出提升談話套路和談話能力的因素，與提升談話信
念、談話心智的解決方案。

2013 年，經歷國際航空公司的頭等艙溝通課程開
發、宜信集團中層管理幹部溝通輪訓、大慶油田代際溝通
課題研究等管理諮詢專案之後，我的心智溝通課程在第一
屆好講師大賽中，獲得了企業肯定，把溝通訓練縱深引入
心智領域。2015 年開始，我在日本電裝公司進行「擔當
層級」「一對一」的深度談話訓練，在課程中加入工作
坊、結構性心理團體、教練模式，經由溝通訓練改善學員
從內至外的心智，至今這個項目的受訓人員已經超過 500
人。

在大量實踐中，涉及深度談話信念、談話心智改變的
「互動式對話 © 模型」，也在 2019 年 10 月完成了版權註
冊，並在獵聘網平台首次發佈。至此，我終於把語言背後
的秘密一一揭開，探索至心靈深處。

以 14 個關鍵切入，有效提升溝通能力

為了能讓更多人參與溝通訓練，並經由語言的整理獲
得內在心靈的全新成長，我接受出版社的邀請，開始嘗試

用寫作和線上課程的形式，推廣這種有效的說話系統。此外，我本人關於書寫訓練的心理學圖書和團體課程，也陸續上市與上線。溝通向外，書寫向內，我把溝通課定義為「語言的整理」，而把書寫定義為「心靈的整理」。

這本書，是一次總結。我循著溝通訓練一路走來，精選了14個既是重點又是熱點，也是我的學員在訓練中最常問的話題，對其剖析和解讀。有些是有關「談話套路」；也有一些涉及「談話能力」，這裡的談話能力主要是指談話情商；也有講解更具深度的「談話信念」，此部分涉及思維方式和價值觀的改變；還有一部分內容，涉及更內在的「談話心智」。這些問題既相互獨立，也彼此關聯。

讀完本書後，你會發現，即使最簡單的「搭訕套路」也涉及情緒管理、價值觀調整，也更需要你的內心具備欣賞能力。談話的「術」和談話的「道」並非分而治之，而是需要內外兼修、知行合一。

為了方便大家解決實際問題，我按照溝通的目標劃分情境，確定了本書的篇章，這些溝通的目標，循序漸進，由易到難。大家既可以挑選自己最關心的問題，閱讀某一部分內容，也可以連續閱讀。

另外，在第一章中，我還特別介紹了「談話的自動導航」和「書寫的基本原則」。這兩部分內容包含了互動式

對話、內觀式書寫訓練的基本方法。

　　這 14 個問題，就好像我曾經腳步匆匆，在海岸線上拾起的一顆顆貝殼。它們各具姿態，又遙相呼應。也許，某一顆會引領你，經由語言之「貝」，開始探索和遨遊心靈之「海」。

　　這本書，也是一個全新的開始。十年溝通訓練，我開始走出企業培訓的課堂，進入大眾的視野。感謝陪伴過我的所有學員，是你們教會我如何講話。願我們在未來更寬廣的人生裡，再次重逢。

第 1 章

3 個方法
檢查自己的溝通方式，
是否出了問題？

方法1

是否反思自己的說話方式？
——「望聞問切法」很有效！

　　多年的溝通訓練中，我試圖把「我們很少反思自己的說話方式」這個感性的經驗，經由課堂調查來印證。每次課程開始前，我都讓每位學員寫下一個「溝通中遇到的最大困難」。課堂的統計結果是：

- 如何才能說服別人？
- 如何跟自己意見不合的人交談？
- 如何才能讓別人接受我的建議？
- 跟固執的人怎麼溝通？
- 為什麼對方答應了，卻沒有做到呢？

　　這些溝通上的困難佔了 53.6%。但細細問下去，會發現提出這些問題者的一致心結是：「怎麼才能讓別人聽我的話？」這種想要別人聽話的溝通目的，是以自我為中心出發的，必然會阻礙對說話方式的反思，而把問題簡單地歸結為，對方太固執、對方不配合。

　　第二類居多的問題是：「非專業人士聽不懂我說什麼怎麼辦？」「為什麼別人不能理解我？」「主管沒耐心聽我說話怎麼辦？」這類問題佔 27.5% 左右，顯然都指向了對方無法收到我們想要的溝通結果。

　　可以看到，大部分的人會習慣性地把原因放在對方「不專業」「沒有領悟力」「沒有耐心」「強勢」上，而不是反問自己「我該如何講清楚」「我要怎麼說才能讓別人更好理解」。這種歸因於外的傾向，當然也阻礙了我們對說話方式的反思。

　　還有 10% 的問題集中於溝通中的情緒控制，例如「溝通中控制不住情緒怎麼辦」「怎麼在有情緒時做良好溝通」「這類問題已經轉向了自我情緒的管理，但當事人還只是看到情緒對自己的困擾，並沒有延伸到「如何改變在情緒中我們慣用的說法方式」上。調查中，只有 5% 左右的問題，明確地指向「自己」的說話方式。

　　例如，「我說什麼能和別人迅速拉近距離？」「為什麼別人對我說的話題不感興趣？」我們只有在關係無法建立的時候，才會意識到「自己」該怎麼說。而在現有的關係衝突裡，幾乎很少人去反思，自己的說話方式是不是出了問題。

望：觀察他人的對話

　　高 EQ 的人有個習慣，就是愛看別人聊天。觀察他人是幫助瞭解自己的一面鏡子，觀察不同的人如何說話、如何表達；怎樣的表達會產生良好的溝通效果；怎樣的表達會引起巨大的衝突。這些事每天都發生，身邊的人是我們學習溝通的好老師。

　　有時候，我們還會置身於「一群人的溝通」之中。一個飯局、一次聚會、工作中例行的會議中，話題是如何被打開、傳遞、拋向高潮；又在哪裡被打斷，被什麼樣的方式所「挽救」；如何說話，能夠得到眾多人的認可；怎樣的表達是被團體排斥的，這些都是我們需要學習的內容。

　　體會別人是怎麼對我們說的，也是重要的觀察和反思。當我們低落時，什麼樣的表達會讓我們瞬間滿血復活。當我們開心時，什麼樣的鼓勵會讓我們受用。在家庭中，如何說會讓家人之間感覺到親密、如何說會令對方感到痛苦不堪。

　　社交媒體中，朋友間的發言是另一種有意思的對話萬花筒。從每個人為自己取的名字開始，都有無限奧妙。朋友間最愛聊的話題是什麼？他是如何表達的？在互動的評論裡，誰特別愛給別人按讚？誰是光看不說的？怎樣的訊息最容易得到共鳴？什麼內容會帶來最廣泛的轉傳？

聞：還原自己的語言

　　李經理是一家公司的大老闆，管理著上千人的企業。他是一個充滿熱情的企業家，說話快，辦事快，講究效率，也有點強勢。最近他的血糖值經常發警報，公司高階主管建議他把速度慢下來，調整一下工作節奏。但是對於這個建議，李經理似乎不太有興趣，畢竟他每天都有忙不完的工作。

　　這一天，高階主管徵求了李經理的同意後，把兩個人工作時的談話錄音下來，之後把音檔傳給李經理。第二天，高階主管收到李經理的訊息：「我竟然沒發現自己說話的速度這麼快！我自己聽了都受不了！你說得對，我該慢下來。」

　　每個人都具備識別如何談話才會更好的能力。當你回聽自己的談話過程後，一定能找到改進的方向。習慣回聽自己說話錄音的人，都是特別注意溝通方式的人。當你準備給對方傳一則重要的語音訊息時，不妨先把要表達的內容傳送給自己，聽聽看、重新整理後再發送，相信表達的水準一定會一次次提高。

　　心理諮詢師有一個非常重要的工作，就是整理自己和來訪者的談話內容。這個內容的整理，是徵求來訪者同意

後，對每一次對話錄音的全程文字稿作回顧。新手諮詢師，都要經歷這項最基礎的訓練。

在整理文字稿的過程中，諮詢師會發現，竟然有那麼多談話的內容和自己想像、記憶、認為的不一樣。原來談話中我們可能會錯過一些重要的內容；原來我們聽到對方所談論的，和對方真正所指的並不一致，甚至大相徑庭；原來談話的某個時候，自己做出的回應似乎不太合適。對自己談話完整的回顧，反覆訓練中，才得以練就諮詢師的談話技巧。

問：獲得有效的回饋

每個人都有習慣的溝通方式，所以當你直接指出，「你這樣說不對」「你那樣說不好」的時候，一般很難讓人接受。溝通中發生衝突時，我們身在其中，也很難發現自己的問題。那麼，如何才會讓我們獲得一個有效的回饋？

關於對話的有效回饋，包括三個因素：此情此景、信任關係、具體感受。

此情此景是指發生了什麼（最好是在溝通的當下）；信任關係是指，回饋者和談話者間相互信任；具體感受是談話者說了什麼，哪句話讓回饋者產生了什麼樣的感受。

　　例如朋友說：「剛才我們談話時，你說：『怎麼又發生這個問題？』（具體事件）這句話讓我很有壓力，這個『又』讓我覺得，自己好像什麼事都做不好（具體感受）」。此時，你可以經由詢問，來得到對雙方溝通方式的回饋。

　　「我的哪一句話，讓你不舒服了？」
　　「我剛才的意思說清楚了嗎？可以接受嗎？」
　　「我看到你很生氣，願意跟我說說，哪裡讓你不能接受嗎？」

　　你可以徵求信任的長輩、親近的同伴或家人回饋。也可以在溝通訓練的課堂裡，經由參與訓練獲得同伴的回饋。必要的時候，還可以請求專業人士的幫助，例如，溝通專家、心理諮詢師，從他們的專業意見來獲得回饋。

切：讓內心的聲音浮現

　　此處無聲勝有聲，要學會讓對話在適當的時候停下來。這一段言語的「留白」，可以讓我們內心的聲音得以浮現。

1. 留白，讓思考飛一會兒

向客戶介紹產品，對方不說話怎麼辦？這時很多人因為擔心冷場，於是滔滔不絕地繼續介紹，或像連珠炮般追問：「您到底怎麼想的呢？」

其實，沉默是思考，是在整理思路，這是需要等待和陪伴的。你可以保持微笑陪客戶一起看資料，或者去為客戶倒一杯水，總之，未必一定要使場面一直熱著。在我們提問並給出建議以後，需要有留白，讓別人思考一會兒。同樣地，在我們自己被問及重要的問題，也需要留白，在內心的聲音得到確認後再開口，你的回答會顯得更加確定和持重。

2. 留白，讓情緒平復一下

公司會議上，專案的進展出現問題了，同事們各執己見。你有沒有發現，這個時候越是沉不住氣的人，就會說得越越激動。懂留白的人會給自己時間，耐得住這個「對峙」的過程。生活中也是如此，越是焦慮的人，越會說個不停。

感覺到不安、生氣、受到質疑、和別人的觀點不一致、面臨衝突爭執不下的時候，也都需要留白，讓情緒平復，讓內心的聲音恢復理性。留白是一種潤滑劑，能夠使雙方留有後路，進退自如。

3. 不說，一說便錯

很多時候，言語會顯得乏力而多餘，例如，一個心有靈犀默默相伴的時刻、一個再多解釋也是越描越黑的場合、一個還尚未成熟的觀點、一個並非適宜的談話時機。每到此時，不妨留白。

當你的心裡有以下的雜音時，你所說出來的話，會變得令人想遠離。

- 受害者的聲音：「這不是我的錯，為什麼受傷的總是我？」
- 失敗者的聲音：「嘗試也沒有用，我試過了根本不可能！」
- 自我懷疑的聲音：「這樣可以嗎？這次一定又不會成功的！」
- 匱乏的聲音：「沒了、不夠、怎麼也不夠！」（錢、時間、健康）
- 躲藏的聲音：「最好什麼也別做，最好別看見我，我不要參與。」
- 取悅的聲音：「他會開心嗎？會喜歡嗎？」

當你的心裡有以下雜音時，你的言語必然持槍帶棒，你的行為必然充滿防禦的「進攻」，自然也會引來許多冒犯和對抗。

- 不公正的聲音:「憑什麼這樣對我,這個世界就是不公平,沒人守規矩!」
- 災難化的聲音:「一定會出事,完了!這樣千萬不行!」
- 比較的聲音:「為什麼他有?他有什麼了不起,我比他好,他憑什麼這樣!」
- 批評的聲音:「這是不對的,怎麼能這樣呢?為什麼不這麼做呢?」
- 佔有的聲音:「這是我的,必須聽我的,按我說的來,這由我來決定!」

在正向、積極的心態下,你就一定能改變內心的聲音,說出無比美妙、令人愉悅的言語。

- 追求美好的聲音:「生命很美好,每個人都有善良的一面。」
- 富足的聲音:「我擁有想要的一切,我對生活很滿足,人生中有很多機遇和奇蹟。」
- 希望的聲音:「明天會比今天更好,一切都會越來越好,我對生活充滿期待。」
- 幽默的聲音:「別太嚴肅啦,這件事可真有趣。」
- 樂觀的聲音:「所有的挑戰都能幫助我成長,我會變得越來越強大。」

- 感恩的聲音：「生命就是人生最大的福報，感謝天空、大地、父母養育了我，感謝朋友親人陪伴我。」
- 寬恕的聲音：「沒有什麼不能放下，我讓自己獲得自由。」

在國畫中，白是空出來的，盡顯無中生有的曼妙情境：山欲高，盡出則不高；千里江面，不必都畫滿了水，唯有留白，方可感受到無邊無際的遠。

在音樂中，留白是靜靜的休止，可能是表達歡快愉悅之跳躍，或是傳達難以承受的沉重。

在京劇中，舞台簡單到了極致，一案一椅一空地，千軍萬馬已走過。開門不見門，騎馬不見馬，給觀眾留下了無限遐想的空間。

言語的留白，讓內心的聲音一一上演。

徵求回饋的刻意練習

請你找身邊最信任的長輩或朋友，由他們口中來獲得對自己溝通方式的回饋。

方法2

說話時被自動導航了嗎？
——你需要一個「語言整理窗」

人生的自動導航

　　大 N 和小 N 是一對雙胞胎姐妹。她們有一位能幹又強勢的母親。在她們的記憶裡，媽媽最常說的話就是：「快快快！」、「照我說的做。」、「這麼簡單的事都做不好？」、「不要驕傲，繼續進步！」爸爸平時工作忙，很少管家裡的事，在姐妹倆的印象裡，爸爸的口頭禪是：「聽媽媽的吧。」

　　姐妹兩個人從小到大的學習成績都不錯，性格卻差異很大。大 N 特別受不了媽媽的強勢，她經常會對媽媽抱怨：「為什麼？」「我不想這樣！」「憑什麼要這麼做？」。

　　小 N 在姐姐和媽媽的「激戰」中，發現姐姐其實並沒有爭取到什麼，雖然媽媽有時候也會讓步，可是家庭事務的大權還是掌握在媽媽手裡，於是慢慢養成了凡事要忍耐的性格。她總會說：「隨便吧！」「我都可以。」

　　對溫順的小 N，媽媽也會抱怨：「這個孩子什麼都不

願意跟我講，也不知道心裡在想什麼。」媽媽知道小 N
對於不願意做的事，雖然會口頭上答應，可是在行動上一
定會有所保留，甚至撒個謊想辦法推掉。但媽媽拿他沒辦
法，也只能睜一隻眼閉一隻眼。

　　大 N 靠著據理力爭的表達能力，保有自己所認為的
主動權，一路成為學校的「辯論冠軍」。小 N 也憑著自
己的心口不一，暗中得到了自己期待的結果，她是同學口
中的老好人。

　　於是，姊妹倆不同的對話方式，都在媽媽同樣的「快
快快」「照我說的做」對話情境下，保留了下來。姐妹倆
各自取得期望的效果。而媽媽也覺得，自己嚴格的管教方
式還不錯。

　　我們如何說話，是一種從小在成長環境裡潛移默化的
「習慣」。這種習慣在大腦裡慢慢地變成了一種穩定的、
不易覺察的、「自動導航」般的對話方式（如圖 1-1）。
說話的方式是經年累月形成，就像走路姿勢、面部表情、
慣性思維一樣，下意識就表現出來了，本身很難覺察和改
變。

▲ 圖 1-1　自動導航語言系統

若把我們的對話方式比喻成人生的「台詞」，而產生這個對話方式的內在心理過程，就是我們的「人生劇本」。我們按照預設的劇本，在人生的舞台上，出演著自己的角色，不斷重複著自己熟悉的台詞。

1. 難改積習

說話方式是我們每個人從小為了應對關係練就而成的。每個人都是自學成才，各有一套，且一旦形成就很難改變。

一方面，我們很難察覺自己的問題。例如媽媽嘴上說著「照我說的做」，面對大女兒的頂嘴，會認為這是女兒不聽話；面對小女兒的陽奉陰違，會覺得這孩子的性格讓人猜不著。她很難看到自己言語裡面的「控制」，才是讓母女關係出現困難的原因。

同樣，大 N 會認為媽媽太強勢，只有大聲說「憑什麼」「為什麼」才能為自己爭取自由。她很難去反思自己的言語裡，和媽媽一樣有著「控制感」和「攻擊性」。

小 N 則早就下了結論──反正說了也沒用，所以在她的詞典裡，根本就查不出表達自己願望的詞句。

所以當大 N 對媽媽大聲喊著「憑什麼」「我不想這麼做」的時候，其實，她內心的聲音是：「媽媽，你這樣說話、這樣要求，我覺得不舒服。」可是她不知道怎麼表達

才好。當小 N 對媽媽低著頭說「隨便」的時候，其實她想說的是：「媽媽，我需要的不是這樣！」可是她不敢說。

另一方面，我們也很難讓姐妹倆獲得有效的回饋。小 N 很難告訴大 N：「姐姐，你那樣和媽媽硬拚是沒用的。」因為姐姐和媽媽一樣兇，而且她不願意讓人知道自己一直在陽奉陰違的秘密。更何況，她認為姐姐和媽媽一樣，根本不會聽她講話。

而大 N 也同樣很難回饋給妹妹說：「你要努力表達自己的主張。」這對於她來說，簡直無從說起，因為她也和媽媽一樣，搞不懂妹妹究竟在想什麼。更重要的是，大N 也未必知道到底什麼叫「自己的主張」，她只會下意識地喊出「憑什麼」「我不要什麼」。但很多時候，她也很難清楚地說出自己要什麼。

一家人之間的溝通都如此不容易了，何況社會關係中，基於合作和利益的考慮，人們更難充份回饋說話方式產生的問題。當有人對你的說話方式不滿意，多半只會經由「調整」與你的關係來適應，可能是客氣地敬而遠之，也可能是當面順從、背後卻牢騷滿腹。這些間接的回饋方式，很難讓你直接地體會和覺察到，自己說話方式有什麼問題。

2. 為何人生不斷重演

　　「辯論冠軍」大 N 畢業後，選擇進入高速發展的行業，她喜歡其中的節奏。這類行業的主管，一般來說都是很有控制欲的人物。主管的嘴裡總是：「快快快！」「抓緊時間，照我說的做！」大 N 喜歡和夥伴們為了一個新計畫爭論得面紅耳赤，她的據理力爭和伶牙俐齒總是能有顯著作用。

　　而小 N 經人介紹，嫁給了一個像爸爸一樣經常出差的人，她喜歡這種相安無事，又不那麼靠近的感覺。偶爾，婆婆會來家裡幫忙處理一些家務，她雖然不好意思對小 N 說：「照我說的做。」但舉手投足間都流露著那份媽媽般的「快快快」。

　　婆婆問小 N 吃什麼，她也總是回答：「隨便」。婆婆會按照個人喜好準備餐飲，小 N 若是不愛吃，會推託不舒服而少吃，等婆婆走後再偷偷點外送。遇到一些家事需要商量，小 N 打電話給老公，她也會聽到那句熟悉的：「聽媽媽的吧。」

　　讀到這裡，有人可能會問：「不會吧？大 N 這麼不喜歡被指揮，為什麼不去找一個自由而寬鬆的工作呢？小 N 遇到一個這樣的婆婆，會不會是純屬巧合？她為什麼不找一個有主見的老公呢？」

　　細細研究，你會發現大 N 其實認同人生就該像媽媽

那樣「威風」與「快快快」，相對於慢吞吞的小 N 一直不被看好，大 N 已經喜歡上這種據理力爭之後的勝利感。

她對不被同事喜歡這件事無所謂，只要業績好晉升也就近在咫尺。如果換成慢吞吞的工作節奏，來一個說話讓人如沐春風般的主管，她反而不知道如何應對。而她的上司心裡也非常清楚，能適應這種快節奏的員工，多少有點小脾氣，在業績面前，這種有個性的員工又算什麼。

而另一邊，小 N 雖然對婆婆的強勢感到不舒服，可是不生活在一起，只要偶爾應付一下就好，對打慣太極的她來說簡直太容易了。

小 N 讀書時，也曾經喜歡過一個很有主見的男生。可是當年，面對每次約會都說「隨便」的她，兩人的關係慢慢就冷下來了。小 N 雖然傷心，卻從來沒有去問過為什麼。

而現在她的先生，個性木訥話也不多，夫妻之間總好像隔有一點距離。這種相處模式雖稱不上熱烈，但結婚以來倒也相安無事，沒有起過衝突，這點反而讓她很安心。

於是，我們靠著各自習慣的方式，不斷重複上演著不變的「人生劇本」。

3. 情境引發改變

　　大 N 憑著優異的成績升職了，在主管溝通訓練的課堂裡，她依舊是那個辯論冠軍。她的思維敏捷，認真努力，積極地回答老師的提問，參與討論。

　　然而在一次溝通的模擬演練中，她卻遭遇前所未有的挫折。在一對一的輔導下屬練習中，大 N 坐在主管的位置上，面對由另一個學員扮演的下屬所提出的「不知道該怎麼辦」，束手無策。

　　對話一開始，下屬開始抱怨自己的工作難度太大，公司制度不合理，不知道怎麼完成交辦事項。大 N 還沒問清楚問題，就根據自己的經驗給建議，沒想到對方開始抱怨：「這樣根本不行，我覺得你說的不對。」

　　這時候，大 N 突然來了情緒，脫口而出：「你就照我說的做！」對方立即反擊：「憑什麼！」聽到這幾個字，大 N 瞬間僵住了。

　　對於學習過的技巧和方法，當下完全無法施展。這個對話如此熟悉，只不過此刻，她變成了自己曾經最抵觸的那個人；而對面的下屬，變成了她自己。

　　另一方面，一個溫暖的午後，小 N 因為產後抑鬱走進心理諮詢室。原來她的寶寶出生後，公公婆婆前來照顧，本來她自得其樂的小空間裡，突然變得很擁擠。身體的疲憊，加上和婆婆因為照顧孩子產生的眾多分歧，令她

不堪重負。

　　當她不得不去表達自己的決定時，總覺得難以開口。雪上加霜的是，每當需要先生支援時，就會聽到那句熟悉的：「聽媽媽的吧。」小 N 出現了嚴重的抑鬱症狀，不得不求助於心理諮詢師。

　　當人生來到新的階段時，一定會面臨新的挑戰、遇到新的人、承擔新的任務、扮演新的角色等等，與此同時，會迎來新的對話情境（如圖 1-2 所示）。

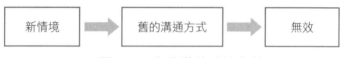

▲ 圖 1-2　自動導航系統失效

　　對大 N 來說，自己單槍匹馬一路晉升，靠的是個人貢獻，但想成為管理者則要靠團隊合作，影響他人的能力就變得格外重要。小 N 升級為人母，在大家庭裡，面臨媳婦、妻子和母親多個角色，彷彿一夜之間，就需要提升表達自己、多方協調的對話能力。

　　至於小夫妻兩個人的磨合，才是真正的開始。沒有孩子的時候，他們都還是孩子，做了父母，又該如何和對方「說話」呢？

給自己一個「語言整理窗」

1. 打斷舊的語言自動導航系統

若我們的談話方式遇到挫折，無法應對當下局面，此時舊的語言自動導航系統，會面臨巨大挑戰。就如大 N 在溝通訓練的課堂上瞬間僵住，因為她突然看到了自己的樣子，意識到自己與別人溝通的模式，竟然和母親一模一樣。

這種意識，就是對我們自身問題非常寶貴的覺察。同樣地，小 N 在抑鬱中經歷痛苦，在諮詢師的幫助下，意識到自己「無法表達」的自動導航，這都會對我們的未來有重要意義。自動導航的覺察往往要遭受痛苦和挫敗，要改變它也沒有那麼容易。

因為你的自動導航，是積年累月產生的巨大的慣性。要想讓它徹底停用，需要我們對自動導航在過去的意義和價值，以及在當下的不適應原因，都有所分析後獲得領悟。這個領悟，是在對話整理窗中完成的（如下頁圖 1-3 所示）。

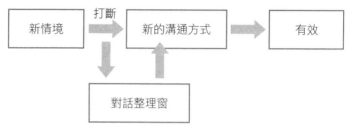

▲ 圖 1-3　語言整理窗

2. 不調台詞，改調劇本

很多人遇到溝通問題時，會去學習很多解決的技巧，但後來發現自己用不上或用不了。因為即使照著說了，也沒有產生預期的效果。這是為什麼呢？因為溝通的技巧只是「台詞」，而內在的模式是「劇本」。如果劇本沒有改，台詞是很難有大的變化的。

人生劇本的修改有很多方式，利用心理學是其中一個很好用的方法。我們打個比方，若把整理內在劇本的過程，稱為「進入對話整理窗」。那麼都有哪些常用的心理學方法，可以完成對自我內在的整理呢？

精神分析法：精神分析是傳統的心理諮詢和治療技術，也是一種人格解讀模式。在精神分析的整理窗裡，會對你過往的人生經歷做詳細的梳理，特別是童年經歷和撫養人對你的影響。在精神分析的整理窗裡，大 N 與小 N，會分析自己和母親之間互動的方式、帶來的感受、壓

抑的負面情緒，以及父親、母親相處模式對自己現在婚姻的影響等問題。這種方法會讓你對自己說話方式的由來，了然於胸。

行為認知法：認知行為治療是非常理性的一種整理方法。在這個溝通整理窗裡，把我們的信念分為了表層信念、中間信念、核心信念幾個層次。這足以幫助你梳理自己的想法、價值觀以及對自己的內在態度。這其中，可能就會有導致你溝通失敗的非理性認知。把這些認知調整好了，說話的方式自然就改變了。

書寫整理法：眾多的心理學流派中，可提供許多不同的整理方法。我們比較常用且自己就可以操作的，莫過於書寫的整理。書寫，就是由自己來寫，把自己的感受、想法、念頭等都轉化成文字。書寫是與自己的內心對話的過程，能寫清楚自己的「心事」，自然也就能說好心裡話。

所有的對話整理過程，都是為了打破舊的語言自動導航系統，獲得拓展性的體驗和認知，為掌握新的說話方式做好準備。

3. 在情境中實現「逆襲」

當新的對話挑戰來到生活裡，或者某些痛苦的對話反複重現時，都會喚醒許多過往經驗。在你成功地覺察並打斷自動導航，完成在溝通整理窗的整理和反思後，這還不

夠,最重要的是我們要輸出新的溝通行為,去解決現實的對話問題。

　　而新的溝通行為,一旦經過實驗成功了、產生了新的效果,那麼這個行為就會不斷被獎勵和保留下來,你也就實現了語言自動導航系統的全新升級。你會變得越來越擅長溝通,提升應對社會和人際的靈活度。

自動導航的刻意練習

觀察父母處理壓力的方式，尤其注意他們是怎麼說、怎麼做的。同時看看自己在壓力中的模式，有哪些是和他們類似的。

父母的處理方式	我的處理方式

方法3

和自己的內心對話了嗎？
——書寫 FB 讓社交溝通更上一層樓

書寫情感的力量

　　書寫是一門古老的手藝，而人們把書寫應用於心理治療卻是 20 世紀 80 年代才有的事。美國的心理學家做了一項研究，招募在校的大學生作為被試者。研究者邀請 A 組學生書寫下創傷經歷，而 B 組學生作為對照組，在同樣的研究環境，寫下規定好的簡單話題，例如，宿舍、穿的鞋子等。

　　A 組學生得到的指示是：當你進入書寫室，從門被關上的那一刻起，我想邀請你寫一段人生當中，感到最不安、最具創傷性的經歷，不要擔心語法、拼寫以及句子結構，只需陳述這段經歷在內心深處的想法和感受。

　　兩組學生都被安排在同一時間同一地點，以同一位主持人開展這項書寫活動。唯一不同的是書寫的內容，A 組寫的是內心最深處的想法，而 B 組寫的是一些日常的主題。

研究的結果有點出人意料，與 B 組的學生相比，A 組的學生發現書寫完成之後，悲傷和焦慮感明顯增強，他們把這種感受比喻作剛剛看完一部悲傷的電影。雖然書寫這些情感話題，並不能立刻帶來情緒上的放鬆和愉快，但就長遠的數據來看，B 組學生因為疾病到學生健康中心求助的人數，是 A 組的 2 倍。

A 組學生不僅在後來的問卷中表示，書寫能產生更強大的自我價值感和意義感，當他們在校園裡遇到此實驗的老師時，還會表達真誠的感謝。

在俄亥俄州的邁阿密大學實驗室，紐西蘭的奧克蘭醫學院以及其他地方，都發現情感寫作與增強免疫功能有關。人體免疫系統功能的強弱，取決於個體壓力的大小，你可能會在寫作後的短時間內感到難受，但從長遠來看，它卻會給你帶來積極的效果。

多項研究發現，參加過這種表達性寫作的人，與寫作之前相比感到更快樂，沒有過去那樣消極了。在寫作之後的幾個星期和幾個月內，他們的抑鬱、反芻思維程度下降了，焦慮情緒減輕了，書寫的過程提高了他們的幸福感。尤其對大一新生來說，寫作幫助他們更快適應新環境，更有力量去應對社交生活，更樂於融入集體。

心靈書寫的日益流行

現代社會節奏快、壓力大，使人們產生很多人際衝突和情感問題。書寫是一種 CP 值最高的疏導情緒方法，能幫助你度過情緒的風暴，恢復心靈的平靜，從而提高免疫力。

我們的人生會經歷很多階段，初入社會、生兒育女、中年危機、走向死亡。朋友緣聚緣散，親人也會分離，但書寫可以一直陪伴你，讓我們和自己在一起，是我們最忠實的聽眾和朋友。

心靈的書寫可以讓我們學會瞭解自己、覺察情緒、探索自己。以及表達那些我們不敢表達的，在書寫中一步步澄清自己的期待和願望。

我們習慣關注外面的世界，遠遠超過關注自己。向外看時，我們總是比較誰怎麼樣、擔心誰怎麼看我。而書寫是一個向內回望的過程，關注著「我想要什麼」「我不想要什麼」「我喜歡什麼」「我害怕什麼」以及「我在逃避什麼」。

我們不需要成為作家、不需要寫偉大的故事。但當我們學會書寫生活的點滴小事時，慢慢也學會享受生活，與外在紛擾喧囂的世界保持一張紙的距離。

基本的書寫方法

1. 書寫工具

用紙筆進行書寫是傳統的書寫方式，隨著電腦、手機的普遍使用，使用鍵盤打字也可以達到書寫的效果。很多人問，使用語音做文字轉換可行嗎？一般來說，這樣的效果並不好。因為當你使用錄音工具錄音時，其實是在進行一種「對外溝通」行為，而對外講話和對內書寫的感覺是不同的。

2. 書寫時間

建議每日安排固定時間及固定時長書寫。基本的寫作方法是每天寫 20 分鐘，即使一開始有難度，至少由 5 分鐘開始寫起。如果超過 20 分鐘也很好，但第 2 天你仍需寫至少 20 分鐘。

3. 書寫主題

你可以連續幾天寫同樣的主題，例如，大學畢業生可以連續寫一寫有關職業選擇的內心想法。也可以在一段時間內，每日更新不同的主題。如果想拋開主題自由自在地寫作，也可以根據自己的感覺直接抒發。

直接抒發的方式，一般稱為自由書寫。自由書寫最重

要的是筆不能停，一直連續寫下去，寫錯也不要停下來，不要擔心語法的錯誤，也不要修改你的用詞，不用擔心錯別字和標點符號的問題。因為我們的文章並不是給讀者看的，也不是要刊登到書報雜誌上的，我們是為自己而寫。

4. 書寫引導

很多時候你可能一時間難以下筆，不知從何寫起，此時可以嘗試使用以下的引導詞，從這些詞開始寫下去。

「此時此刻……」
「我看到……」
「我的房間裡有……」
「我是……」
「我想起……」
「剛才……」

5. 情緒失控

如果在寫作過程中，你感覺到有一點情緒失控，是可以停止寫下去的。不要強迫自己去觸碰難以解決的話題，等你做好了準備，它們可以自然流淌時再寫。如果寫作會讓你情緒非常糟糕，或會激發危險的想法和行為，要盡快向他人傾訴，或尋求專業的幫助。

6. 情感積極

　　有時候適度表達消極的情緒，我們的心裡就會輕鬆很多。但如果在寫作上只是一味地發洩消極情緒，也容易陷入自怨自艾的漩渦，反而越寫越消極。消極的情緒還會阻礙你對一件事情的看法和理解。所以應盡己所能去抒發積極的感受和情緒，爭取從正面的角度去理解和解釋問題。

在書寫中的自我整合

1. 看筆跡

　　如果你是用紙筆來寫作，從每天寫作頁面的整潔度、字體的變化中，都能體會自己的不同狀態。很多人隨著痛苦經歷的書寫和轉化，他們的筆跡會變得更加剛勁有力。當我們心煩意亂的時候，筆跡自然也會變得非常潦草，有非常多的塗抹痕跡。

2. 看內容

　　如果在一段時間後回望書寫的內容，你會瞭解自己的心理發展歷程。例如，你是否在某段時間內常書寫某一類話題？你對某一個話題，在一段時間前後是否有了不同理解。特別是當你對一些重大事件持續不斷記錄，半年後、一年後，會發現自己已經走完了一個完整的心路歷程。

3. 看變化

書寫是為了使內心成長，而內心的成長一定能夠反映出現實的變化。你是否更愛笑了，睡眠品質是否提升了，感覺自己是否更健康、更有力量了。你可能會覺得自己不那麼急躁了，日常生活中的爭吵減少了，你更能體會到與他人坦誠開放的關係，更容易集中精力完成工作，更關注生命的意義。

4. 轉換人稱和視角

當我們將第一人稱「我」改為第三人稱，敘事口吻會發生微妙的變化，你變成一個局外人來書寫自己身上發生的事。第三人稱視角更有距離感，我們可能會有一些意想不到的驚喜發現。你也可以將第一人稱和第三人稱的寫作同時進行，例如，我們可以在前 10 分鐘用第一人稱寫作，而後 10 分鐘用第三人稱寫作，再來觀察這兩者有什麼區別？

書寫的自我進階

1. 自由書寫

自由書寫，不是隨便書寫。懂得精神分析「自由聯想」的朋友，能很快找到自由書寫的要義。我們的書寫習

慣在求學時經過多年的規範，已經形成了刻板的框架。

而自由書寫是要打破這樣的習慣，把文字和自己的潛意識相連。因為要進行內在對話的前提，是要找到通向內在的路。自由書寫訓練的目標是，你要有能力「筆隨心動」，哪怕躍然紙上的這顆心，會讓你大失所望。

訓練自由書寫的過程，也是打破自我防禦的過程。一支筆，就能幫你卸下所有的盔甲，走上回家的路。

2. 自我觀心

自我觀心是經由心理學的方法，以書寫進行人格重塑。語言，是可視化的人格碎片。在書寫中，無意識地組合語言的方式，也是人格建構的方式。經由一系列主題和方法，我們的目標是：把內在失調型的對話，書寫轉化為成長型的對話。

內在自我對話的失調可以概括為三種：缺陷型對話、衝突型對話、無序型對話。缺陷型對話多指向自我懷疑、否定、攻擊。衝突型對話是指人陷入非此即彼、無所適從的境況中，出現價值衝突、身分障礙的問題。而無序型對話更複雜一些，內在自我的建構程度低，導致大量內在對話的雜亂無章。無序型對話要完成自我修復比較難，可以配合心理諮詢一併進行。

3. 自主創作

穿越內在的重塑，你終於可以自由發聲。此時，你如果已經愛上書寫，期待可以創作自己的作品，並向大眾發表，就是走到了自主創作的階段。而自由書寫、自我觀心的方法已經進入你的無意識，可以任你自由運用。

你可以成為自媒體創作者、作家、編劇或者詩人，書寫的同時也獲得社會化回報，這點是自由書寫與自主創作最大的區別。創作不僅是你自由的表達，更重要的是，要讓創作成為你鋪展進入社會、尋找位置和擁有身分的道路。

抑或者，你已經是一名在社會上獲得成功的書寫者，但經由持續不斷地自由書寫、自我觀心，可以讓你經由心靈蛻變，使自主創作更添光彩。

行至此處，你已不再那麼需要和依賴說話，因為書寫，已經成為你獨特而豐富的表達。

自由書寫的刻意練習

　　請按照本章介紹的方法，開始嘗試書寫體驗。每天20分鐘堅持一週，看看有什麼發現，把它們記錄下來。在書寫時，如果你無從下筆，可以使用以下的引導語作為開頭。

- 此時此刻……

　　_____

- 我看到……

　　_____

- 我的房間裡有……

　　_____

- 我是……

　　_____

- 我想起……

　　_____

- 剛才……

　　_____

第 2 章

破解與不合拍的人衝突溝通！

——適用於上下屬溝通、專案合作……

方法 4

跟不合拍的人怎麼聊？
有這些技巧……

　　每個人都會有一些聊得來的朋友，然而，在工作和生活中，也難免會遇到不好相處的上司、氣場不合的客戶、愛鬧彆扭的隊友……。

　　我們沒法避開這些不合拍的人，常常為了堅持各自的主張發生摩擦，彼此都很頭痛。那麼，到底要如何和個性不合的人溝通呢？

　　每個人都有自己的脾氣、秉性及基於此展現出來的溝通風格，通常越有個性的人，風格就越明顯，自然也就越容易和別人發生衝突。

　　其實，如果能掌握溝通風格的規律和竅門，與他人相處就會容易多了。這就好像你只要把準了對方溝通風格的「脈」，自然也就能輕鬆地開出與他相處的「方」。

給溝通風格「把脈」

　　依照溝通時釋放能量的方式，及對人對事的關注點，我們可以把人的溝通風格分為以下 4 種類型，如圖 2-1 所示。

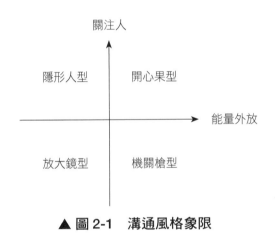

▲ 圖 2-1　溝通風格象限

能量外放 vs 能量收斂

　　某些人能量外放，決策快、性子急、善用手勢、語氣自信堅定、喜歡主動發言、出現意見分歧時咄咄逼人、善於控制局面。

　　而某些人能量收斂，決策慢、表達意見時較含蓄、多附和他人、不太主動發言、喜歡闡述細節。

關注人 vs 關注事

　　某些人喜歡關注他人，他們感性、輕鬆、熱情、靈活、熱衷交友、表情豐富、關注他人的感受、不介意身體上的接觸。

　　而某些人偏好關注事，他們理性、嚴肅、守規矩、就事論事、感情不外露、不太關注他人的感受、介意並避免身體接觸。圖 2-1 的 4 種類型，分別說明如下。

1. 機關槍型——外放關注事

(1) 人物素描

　　此類型的人大膽、直接、果斷、有競爭力、有攻擊性、自我激勵、堅持不懈。他們是問題的解決者，追求效率和支配地位，但缺乏耐心，容易忽略別人的感受，典型的情緒特徵為憤怒。

(2) 行為表現

- 經常打斷他人、習慣性搶話。
- 行事匆匆忙忙，感覺有許多事情忙不完。
- 說話不顧及別人的感受，有時候顯得無情、無禮。
- 單向溝通為主，由他說給別人聽。
- 常把自己的意見，表達為毋庸置疑的事實。
- 關注解決的方案和結果，不關心細節和過程。

2. 開心果型──外放關注人

(1) 人物素描

這種類型的人自信、熱情、樂觀、坦白、友善、好交際、有魅力、有說服力、追求關注、看重關係。他們喜歡掌聲、很有感染力，同時也害怕失去聲望、怕沒面子。做事粗心大意、有點情緒化，典型的情緒特徵為樂觀，但不穩定。

(2) 行為表現

- 喜歡交談、交友，很容易和他人打成一片。
- 能吸引他人關注，製造熱鬧的話題。
- 溢於言表地同意他人的看法。
- 不願談及傷感的問題。
- 喜歡以推銷和鼓動的方式溝通。

3. 隱形人型──內斂關注人

(1) 人物素描

這類型的人親切、穩定、有耐心、善解人意、樂於跟從，是一個很好的傾聽者，但也容易陷入被動、內心倔強、難以做出決策。你很難記住他們的特點，典型的情緒特徵是壓抑情緒，但這點可能連他們自己都沒意識到。

(2) 行為表現

- 謹慎行事。

- 認真傾聽、被詢問時才回答。
- 講話平靜有條理。
- 喜歡談論自己熟知的事物。
- 喜歡單獨交談，不喜歡對眾人發言。

4. 放大鏡型──內斂關注事

(1) 人物素描

　　這種類型的人謹慎、謙恭、低調、嚴謹、高標準、精細準確、高分析力、追求完美。但也難免過於苛刻，過份關注負面訊息，因而常顯得悲觀。典型的情緒特徵為害怕、焦慮。

(2) 行為表現

- 做事井井有條，注意細節。
- 慢熱，不喜歡初次見面就迅速與人親密接觸，特別是肢體接觸。
- 喜歡書面溝通，溝通中講求事實和邏輯。
- 信任數據，不太相信感受。
- 考慮太多，抓不住重點。
- 不主動發號施令，依規矩辦事。

給溝通風格「開處方箋」

1. 與機關槍一起行動

　　機關槍型的人最討厭慢吞吞、不聽指揮的人，與他們互動時可以嘗試以下做法：

- 開門見山、直切主題。
- 不妨讓他們掌握主動權。
- 提高效率，適度加快語速，迅速回應。
- 表示支持他們的意願和目標。
- 方案簡潔明確，便於選擇。
- 堅持雙向溝通，表達自己的想法和感受。
- 重視結果與機會，不拘泥於過程與形式。

　　如果你有一個機關槍型的上司，請忽略他的「不近人情」，也不要被強大的氣場所震懾。其實他只是就事論事，喜歡你有事直說，他會給你一個很明確的答覆。

　　如果你有一個機關槍型的下屬，要給他足夠的空間自我發揮。他的自我激勵能力是一流的，只要是認定的目標，一定會堅持不懈地達成，你只需要提供支援。當然，你也要成為讓他佩服的人，關鍵時刻能與他一起承擔。

　　如果你有一個機關槍型的客戶，要給他足夠的決定

權。他不喜歡你繞圈子，也不喜歡你幫他出主意，更不用說替他做決定了。你只要精準地理解他的需求，然後簡單直接地表達。哪怕是請他幫個忙，直說也無妨。

2. 與開心果一起 high 起來

開心果型的人最討厭潑冷水、不給面子、無趣的人。與他們互動時，可以嘗試以下方法：

- 對他們的觀點、看法及夢想表示支持。
- 理解他們做事不會三思而後行，且說話有時不太重視邏輯。
- 盡量表現得熱情、隨和、合群、大方。
- 不要當眾批評他們，或者讓他們下不了台。
- 不讓他們參與過多細節和瑣事。
- 要懂得他們的行為是出於善意。

如果你有一個開心果型的上司，要知道他很注重氛圍，需要積極的讚美和欣賞。注意，這不是要你亂拍馬屁，他能分辨這其中的不同。他也非常願意欣賞他人的長處，如果你能積極又穩重，一定能受到重用。

如果你有一個開心果型的下屬，請多多表揚他，寬容他偶爾「不靠譜」、丟三落四的毛病，他真的已經盡力

了。他熱情陽光，可以使整個團隊的氛圍更活躍。但把任務交給他時，一定要盯緊交付的時間，因為他一旦忙起來容易忘記目標。

如果你有一個開心果型的客戶，要使勁地誇他，談不談產品不重要，重要的是大家開心。他就是那種很容易衝動消費的類型，很多時候，他買的是好心情。

3. 與隱形人一起放鬆

隱形人型的人一般來說包容性很強，和很多人都能和平相處。但不要給他太大的壓力或逼他做決定，也不要輕易相信你已經說服他。與他們互動時可以嘗試以下方法：

- 放慢節奏、積極傾聽，多鼓勵他們說。
- 為了達成溝通目標，要幫助他們做出決定。
- 主動表示關心，但不要急於去獲得他們的信任。
- 雙方意見不同時，多從感情角度去做溝通。

如果你有一個隱形人型的上司，要知道隱形人當起主管，都持有虛懷若谷、無為而治的風範。他會很親切、很寬容地對待每一位下屬，但是不能踩到他的底線，他的內心其實非常有原則。

如果你有一個隱形人型的下屬，請多多關心他的感

受，因為他是一個容易被忽略的人，而恰恰也是非常需要歸屬感的人。要讓他知道，對於團隊來說他很重要，這能讓他安心工作，任勞任怨。與他溝通時不要顯得太強勢，也不要太激烈、節奏太快，這都會讓他本能地排斥，導致適得其反。

如果你有一個隱形人型的客戶，會發現這樣的客戶雖然容易接觸，卻最難達成交易。他們待人很親切，卻猶豫不決，有時候是因為拒絕的話說不出口，有時候是連他們自己都不知道到底怎麼做出決定。

4. 與放大鏡一起研討

放大鏡型的人對所有人都會保持警惕和距離，與他們互動時，可以嘗試以下方法：

- 不要突然太親近，會令他們覺得你不可信任。
- 要知道他們很敏感，切忌說話內容前後不一致。
- 向他們提出周到、有條不紊的辦法，以及詳細的證據論證。
- 列出不同情況下的優缺點，供他們分析和做決定。
- 說服他們最好的方法，就是指出邏輯的錯誤，列舉他們不曾瞭解的數據或訊息。

● 對他們提出的負面訊息、不足之處要有心理準備。

　　如果你有一個放大鏡型的上司，請一定要多檢查幾遍提交的事項，因為這種上司是「細節殺手」，再小的細節都逃不過他的法眼。更要留心的是，他會因為你不注意細節而認為你的工作態度有問題。最好的方式是多提供客觀的數據和訊息，因為他們更相信自己的判斷。

　　如果你有一個放大鏡型的下屬，要理解他們對自己的要求非常高，他們動作慢不是因為偷懶，而是還沒有達到令自己滿意的程度。甚至有時候，他們是因為一直在構思和思考，而忘了該行動。

　　如果你有一個放大鏡型的客戶，他們是最難說服、也是最好說服的客戶，因為他們更相信客觀的數據和訊息。所以你要多花心思在細節的準備，而不必把重點放在經營客戶關係。雖然用熱情去感染他們也是一個不錯的辦法，不過別忘了，無論如何你都必須讓他們認為你是一個重視細節、可靠的人。

你屬於哪種溝通風格？

　　請做以下兩題組。如果左邊描述更接近你的實際情況，請給自己5分以下；如果接近右邊描述，請給自己6分以上。最後將各題分數相加，得出該題組的總分。

A 題組：

1	在面對風險、決定或變化時，反應遲緩而謹慎	12345678910	面對風險、決定或變化時反應迅速從容
2	與同事一起討論時，不常主動發言	12345678910	與同事一起討論時，經常主動發言
3	表達時常使用委婉說法，如：「你可能認為…」	12345678910	表達時常用強調式語言，如：「你應該知道……」
4	經由闡述細節和內容強調重點	12345678910	經由自信的語調和動作強調重點
5	不願意發表意見	12345678910	願意發表意見
6	耐心、願意與人合作	12345678910	個性急，喜歡競爭
7	與人交往講究禮節、相互配合	12345678910	喜歡挑戰，控制局面
8	如果不是非常重要的事，意見有分歧時，很可能附和他人的觀點	12345678910	意見分歧時，會堅持自己的觀點，非要辯論出究竟
9	含蓄，節制	12345678910	堅定，咄咄逼人
10	握手時較輕，不常注視對方	12345678910	緊緊握手，喜歡注視對方

B 題組：

1	戒備	12345678910	坦率
2	多依據事實、證據做出決定	12345678910	多根據感覺做出決定
3	就事論事，不離題	12345678910	談話時不喜歡專注於同一個話題
4	重視規定，感情不外露	12345678910	輕鬆、熱情，願意表達情感
5	重視實務工作	12345678910	喜歡交友
6	講話或傾聽時表情嚴肅	12345678910	講話或傾聽時表情豐富
7	表達感受時沒有非語言方面的回饋	12345678910	表達感受時願意給非語言的回饋
8	喜歡接收現實狀況、親身經歷和事實	12345678910	喜歡聽夢想、遠見和概括性訊息
9	在工作或社交場合需要時間去適應	12345678910	在工作或社交場合中能快速適應
10	避免身體接觸	12345678910	喜歡身體接觸

你的類型和建議：

(1) A 題組與 B 題組的得分都高於 55 分，你很可能是開心果型溝通者。

- 溝通優勢：熱情，你是天生的小太陽。
- 溝通建議：低調，給別人表現的機會。

(2) A 題組得分高於 55 分，B 題組得分低於 55 分，你很可能是機關槍型溝通者。

- 溝通優勢：直接，你是天生的領導者。
- 溝通建議：動情，關心他人的感受。

(3) A 題組得分低於 55 分，B 題組得分高於 55 分，你很可能是隱形人型溝通者。

- 溝通優勢：親和，你是天生的陪伴者。
- 溝通建議：勇敢，要學會說不，不要拖泥帶水。

(4) A 題組與 B 題組的得分都低於 55 分，你很可能是放大鏡型溝通者。

- 溝通優勢：嚴謹，你是天生的智者。
- 溝通建議：樂觀，多看他人優點和可取之處。

溝通風格的採訪練習

　　觀察你周邊的親朋好友，是否有符合本節內容的四類溝通風格者，然後採訪他們。

姓名	風格分類	哪些特點最符合哪個分類	他自己覺得最符合哪些描述	他喜歡或不喜歡和什麼樣的人打交道

方法5
學會在「愛找麻煩」的人身上找到優點

你的身邊是不是有這種人:專門雞蛋挑骨頭,再好的計畫他們也能找出缺點;拿手絕活是潑冷水,當大家興致勃勃商量時,他們會尖銳地指出問題;對事情的看法永遠是「那不一定」。

這些人被大家公認為難相處,在溝通中他們著實令人十分煩惱。然而,這些人表示很委屈:「難道不該實事求是嗎?」

小美的老公喜歡喝湯,她卻不擅長烹飪。煲出好湯不簡單,特別是對於各種食材和配料的用量,細微的差別都會影響口感。小美覺得老公工作很辛苦,還是希望自己能親手煲湯來表達關心。

有一天她嘗試使用速食包做湯頭,這種現成配好的調料,加水就能做好一鍋湯,而且味道還不錯。這下可解決了她的大問題,她做好後興高采烈地與老公分享成果,迫不及待問味道如何。

　　沒想到老公一邊喝湯，一邊頭也不抬地說：「這種加工食品未必有營養價值。」小美沮喪地回到臥室，一整晚都處於情緒低落之中。

　　對於潑冷水給對方造成的不舒服，很多時候當事人自己都沒有覺察，他們真的也不是故意為之。所以，一旦出現了糟糕的溝通後果，他們也感到很委屈：「我不是故意的啊，難道不應該實事求是嗎？」

難道不該考慮周全嗎？

　　很多時候，當事人也能預測到自己出言不遜的結果，可是控制不住自己，儘管有時候他們會嘗試婉轉表達，可還是無法改變被「嫌棄」的結局。

　　針對下一階段的產品功能升級，產品部的同事們正在腦力激盪。大家對於增加一個新功能興致勃勃，你一句我一句，越聊越興奮，很多精彩的創意和點子紛紛蹦出來。

　　此時，一位同事終於忍不住了，站出來說：「各位，我覺得大家的想法非常好，但我覺得未必所有的使用者都需要這個功能，而且從設計成本的投入上看，也未必划算。當然了，這是我個人的意見……」

氣氛雖然不至於降到冰點，大家從理性層面也覺得這位同事說得不是沒有道理，但還是感覺到有點彆扭：「哎，又來了！」「算了算了，還是去做事吧。」

像這樣，那些反對的聲音無論觀點是否正確、方式是否婉轉，在別人積極表達、分享成果時，總會顯得如此不合時宜。

求同模式 vs 求異模式

潑冷水的問題，實質上是屬於思維模式的問題。人的大腦在處理訊息時，有兩種截然不同的加工模式：一種是求異模式，另一種是求同模式。這兩種模式就像電腦配置了兩套完全不同的執行程式，導致我們會自動站在不同的視角、順著不同的思路去分析問題，長久下來就會形成一個非常難以改變的思維定式。

求同型的人會先看事情的相同點，他們會努力從和他人交流的訊息中，捕捉和自己相同的部分，給予認可和支援。求異型的人，則會先尋找事情的不同之處。他們擅長找出差異、風險和異常的情況，因此常會與他人起衝突。

那麼，如何判斷自己是求同型還是求異型呢？先來看看兩種類型的人經常使用的語言，也就是內心的聲音。

求同者經常使用的語言：

「是啊，是啊……」
「對啊，對啊……」
「哈哈，有道理，有道理……」
「沒錯！」
「我也發現了……」

求異者經常使用的語言：

「是嗎？」
「這不絕對……」
「那不一定……」
「其實未必是這樣……」

我們再來看看兩種類型的人常使用的表達方式。求異者特別喜歡用挑戰式的反問句，因為長期的思維模式，讓他們已經不太會順著對方的思維說話了。即使是一件普通的、能夠達成共識的事，他們也想轉個彎說出來。

「你覺得我穿這個合適嗎？」——意思是「我不想穿這個。」

「你覺得我還能去找他嗎?」──意思是「我不好意思去找他了。」

「怎麼回事,是不是不吃飯了?」──意思是「我其實很餓,想吃飯。」

我們從行為方式上,也不難分辨這兩種類型:求同者會表現出虛心接受,認真聽取意見,總是點頭認同;求異者則會表現出不屑一顧,喜歡提出問題,不遵照指引,總有反駁的理由。在溝通中,求同者往往比較能理解和支持他人的意見,能和他人打成一片、融為一體。但也會由於過分追求認同,而失去自己的原則、無法把握風險、容易被別人影響等。

求異者往往很敏銳,能從不同的角度看問題,能更準確地預測風險和不足,由於長期求異求新,能夠對某個領域進行深入的探討,擁有一定的批判式思維。然而,求異的模式,有時也會讓他人感覺到被冒犯、不認同,結果造成雙方對立。

求異型的人,如何甩掉標籤

求異者必須了解,思維方式沒有對錯可言,但是如果自己的思維方式打擊了別人的情緒,那就得不償失了。至

少，這會令自己不受歡迎。所以，如果你發現自己是一名
求異者，需時刻警惕自己的思維習慣，並在溝通的過程中
多加注意。

1. 忍住，一定要忍住

　　求異者應該意識到，當大家興高采烈地討論方案、有
人拿出一個計畫與你分享，或有人想與你情感互動時，工
作熱情難能可貴，彼此之間的情感更值得珍惜。所以，即
使你求異的大腦在飛速運轉，一萬個反對意見不斷迸發，
都不要太堅持已見，盡量忍住就可以了。

2. 多做求同思維訓練

　　在日常生活中，求異者不妨做一些求同的思維訓練，
盡可能地尋找共同點，把自己和身邊的人共同之處找出
來。例如，對任何人說出的話，求異者都要找兩個支持他
的理由；對任何一個方案和策劃，都說出五個重要的可行
之處。訓練的時間長了，你的大腦就升級了，這會有效壓
抑、及時控制提出異議的衝動。

3. 該出手時再出手

　　有時候，我們的反對意見的確是寶貴的、需要表達
的，可以避免團隊和他人走冤枉路，這時就需要我們真誠

而有效地提出反對意見。我們的表達可以遵循以下幾個原則：

- 他人高興的時候，等等再說。
- 他人還沒準備執行，看看再說。
- 不說可能會有損失的，抓住時機再說。
- 實在忍不住了，真誠地說。

遇上求異型的人，我該怎麼辦

1. 去理解，他不是故意的

絕大多數求異者都意識不到，自己的思維模式會讓別人感到很不舒服，因為他們非出於惡意。求異是一種思維慣性，當求異者反對的聲音出現時，我們可以理解為：他的大腦正在自動執行程式，並非是針對我們。不爭論反而會讓他放鬆下來，也說不定，不久後他就會把自己的意見給推翻了。

當然，求異者習慣從另一個面向和角度去思考問題，所以我們與之溝通時很難有共鳴，似乎少了一些樂趣。如果你需要情感的支援和認同，那麼就要盡量避免找求異者聊天，否則容易受傷。

2. 知道什麼時候讓他出現

在團體中，看似煞風景的求異者，其實扮演了重要角色。他們特別敏銳，常常可以從別人看不到的細節中，察覺到問題和風險。同時，由於求異者常做比較，長期處於「反向加工」的模式中，積累了許多經驗。所以，當我們分析一個具體方案，或者需要考慮多種可能性的時候，不妨聽聽他們的看法。

不過，如果團體中已經做好決定，或已經宣佈要執行一項決定的時候，最好不要讓求異者發表意見。一旦求異者開口，恐怕很多事都難以繼續推進了。

3. 問他該怎麼辦

米菲的媽媽是位求異模式的潑冷水家長，對米菲求職這件事，意見非常多。例如，「這個公司可靠嗎？」「這家公司的面試等了這麼久，工作流程一定有問題啊！」「你選擇這個行業合適嗎？」「據說這個行業有很多問題啊。」「你覺得這個老闆不錯，我看未必，他好像不太好相處。」

很多求異者只提出反對意見，但未必有解決方案。為了讓他們暫停反對，不妨在他們的「冷水」潑過來後，淡定地問一句：「那您說，該怎麼辦呢？」之後，你要麼可

以獲得改善的建議，要麼至少可以清淨一陣子了。

4. 少說絕對，多做分析

對於求異者不能輕易說「絕對」「肯定」「一定」「保證」「不可能」之類的字眼，因為這些字眼會激發求異者的挑戰本能。他們內心的聲音會馬上轉換成：「絕對嗎？」「你能保證嗎？」「你敢肯定嗎？」你越是絕對地站在某一邊，他就越會站在另一邊挑戰你。

如果你是一名銷售人員，遇到一個求異思維的客戶，千萬不要用絕對化的言語去推銷自己的產品。因為，你把產品說得越好，他就越覺得產品的問題多。

正確的做法是，與他一起分析、比較，多列舉數據和證據。求異者一般很少會因為產品好而選擇你，他們之所以做出決定，一般是因為你的產品的問題最少。

5. 劍走偏鋒，負負得正

在某企業招標會的評審團中，來自技術部的李經理就是一位典型的求異思維者，對於所有呈報上來的方案，他都會尖銳地挑出問題。李經理是公司的老員工，董事長也會採用他的意見，所以來投標的公司都十分害怕被他挑出毛病，私下稱他為「毒舌李」。

最後是由一家小公司得標，他們掌握了李經理的思維

習慣，在最後一個環節的陳述中，巧妙地展現出自身的優點。其他公司都是大肆誇讚自身優勢，這家公司一上來卻講起自己的兩個小缺點：「我們是家小公司，第一次為貴公司這樣的大企業服務，還有很多地方需要學習。我們對行業的理解深度，可能也不如其他同行，這也是我們需要加倍努力的地方。」然後才開始介紹自己的作品。

　　這家公司最終取得訂單時，李經理給了這樣一段評價：「沒接過重要的訂單，因為是第一次才會非常重視，才會全力地投入。對行業理解不夠深入，才可以跳出行業的侷限，創新地去思考，不為經驗所束縛。」

　　不管是有心為之還是無心插柳，這兩個小缺點，的確被求異者反向思考下，挖掘出了大優勢。

求同思維刻意練習

1. 你最討厭的人是：	他的優點是什麼：
2. 你最不能接受的觀點是：	這個觀點的合理之處是：
3. 你不認可的一個做法是：	這個做法的意義是：
4. 你自己最不認可的缺點是：	這個缺點對你的價值是：

方法6

意見分歧時，
學會用「遞進式表達」

對方有收到你的需要嗎？

　　Ａ女：「你從來不記得我的生日！」

　　Ｂ女：「你就是一個不懂浪漫的人。」

　　Ｃ女：「你連我的生日都不記得，我們怎麼走下去！」

　　Ｄ女：「你是不是不愛我？」

　　Ｅ女：「我天天忙裡忙外，你連我的生日都不記得！」

　　我們表達的目的，本來是希望自己被理解、被關心，可是卻忽略了前提是對方能收到你的這些「需要」。如果對方收到的是批評、指責、質疑、抱怨，是旁敲側擊、滿腹牢騷，又怎會聽得懂你真正的意思呢？再舉一個職場中的例子。

　　銷售員Ａ：「我要找你談談。」

　　銷售員Ｂ：「什麼事？」

　　銷售員Ａ：「你懂不懂規矩，為什麼搶我的客戶？」

銷售員 B：「誰搶你的客戶了！」

銷售員 A：「自己做的事還不承認，○○公司是我先聯絡上的，怎麼會變成你的客戶？」

銷售員 B：「誰能證明你聯絡過這個客戶？我是照公司規定走的，這個客戶是我的。」

銷售員 A：「你還睜眼說瞎話，明明就是趁我休假時搶走這個客戶！」

銷售員 B：「你別含血噴人，自己對工作不負責任，還怪別人！」

一場同事之間的小摩擦，就這樣演變為人身攻擊了。我們的表達目的，本來是想維護自己的立場，可是一不留神脫口而出的是「你搶我的客戶」「你不懂規矩」「你含血噴人」「你不負責任」，這些負面的評價、定論、指責，充滿了攻擊性，你是否覺察到了呢？

談話中的定時炸彈

對話中有 5 個定時炸彈，特別容易引爆情緒，導致不好的收場。

- 炸彈 1：定論，例如「應該……」、偏執的信念、負面的結論，特別容易把逆反型的人引爆。

- 炸彈 2：評價，例如「你是個……的人」「你這件事做得很差」，特別容易把敏感型的人引爆。
- 炸彈 3：指責，例如「都是因為你」「你這樣不對」「都是你的責任」，特別容易把逃避型的人引爆。
- 炸彈 4：質疑，例如各種懷疑、不相信、試探，特別容易把不耐煩型的人引爆。
- 炸彈 5：抱怨，例如訴苦、埋怨、嘮叨、滿腹牢騷，殺傷力廣泛，人人避之不及。

定時炸彈啟動內隱記憶

　　為什麼這些表達會造成溝通失敗呢？在人類大腦的杏仁核裡，主要存儲的是內隱記憶。內隱記憶是出生就存在的，包括尚未掌握語言之前的記憶。它是一些和情緒反應、認知觀點、軀體感覺相關的記憶，可以簡單地理解為身體記憶和情感記憶。

　　在每個人的內隱記憶裡，都會有一些感到不舒服的經驗。有的是害怕被批評，有的是害怕自己被忽視，有的是害怕承擔責任，有的是害怕失去自由。

　　當風平浪靜的時候，這些不舒服的感覺對我們不會有影響；而一旦被對話中評價、質疑、指責、抱怨所觸動，

負面情緒則會被一瞬間引爆。

因此在談話中，應儘量避免使用以上這幾種談話方式。特別是在表達需要、尋求理解、協商問題解決方法的時候。

此外，大腦裡還有個器官叫作「海馬」，它負責存儲外顯記憶。外顯記憶是需要意識和經驗參與加工的記憶，是比內隱記憶更客觀、更理性的記憶。

如果我們把不舒服的內隱記憶，即不適的直覺比作老虎的話，每個人都會談虎色變。那麼在談話中，如果我們要繞開「內隱記憶的老虎」，好讓外顯記憶多發揮功用的話，該怎麼表達呢？答案是，我們要學會在談話中，多講事實，少說評價。

你是否習慣評價他人？

心理學家伊夫・亞歷山大・塔爾曼（Yres Alexander Thalman）曾編制一組提問，來測試人們是否是一個喜好評價的人。

1. 朋友介紹他的 7 歲女兒，她低著頭，看著地面，不回答你的問題，你對自己說：
A. 這孩子實在太害羞了，連話都不敢回，平常要多練習膽量才行！

　　B. 她可能在生氣。

　　C. 她可能沒有聽懂我的問題。

2. 你剛打翻了咖啡杯，腦海中閃過的第一個念頭是：

　　A. 我真笨！

　　B. 糟糕！不過也沒什麼大不了的。

　　C. 快，抹布在哪裡？

3. 看到某些年輕人大膽的舉止，你的反應是：

　　A. 他們真沒有教養，不懂得尊重人。

　　B. 他們正處於叛逆期。

　　C. 他們這麼做是為了吸引注意力。

4. 行駛中，一台車驚險地超了你的車，你會說：

　　A. 真是有病！

　　B. 他沒有好好評估車間距離。

　　C. 有這樣的人在路上，我要加倍小心。

5. 去 ATM 提款時，前面的顧客分三次才提完現金，
　　你覺得：

　　A. 這些提款機的設計真差勁。

　　B. 這個人太笨了！

C. 他看起來遇到了困難，但願輪到我取錢的時候
　不會出問題。

6. 從電影院出來，別人問你對這部電影的看法，你回
　答說：
　A. 演員們演得真不錯。
　B. 這部電影棒極了！
　C. 我很喜歡這部電影。

7. 受邀去朋友家做客，他準備了一道新菜，吃完飯後
　你讚美道：
　A. 你真是一位烹飪高手。
　B. 太棒了，你做的菜真是太美味了。
　C. 我很喜歡你做的菜。

8. 主管交給你一項任務，但你最後沒有好好完成，對
　此你會：
　A. 覺得自己不稱職。
　B. 對自己說任務實在太難了，並不會因此質疑自
　　己的能力。
　C. 你試著尋求幫助，或找機會與老闆面談，以解
　　釋你所遇到的困難。

9. 和人溝通時出現意見或分歧，你習慣說：

　　A. 你的看法是錯的。

　　B. 你一定錯了。

　　C. 我不同意你的意見。

10. 碰到一個身材肥胖的人，你的第一反應是：

　　A. 他太胖了。

　　B. 他應該少吃點。

　　C. 我可不希望像他那樣。

11. 一位母親看見大兒子在打小兒子，你認為她應該
　　怎樣對他們說：

　　A. 打人是不好的事情。

　　B. 欺負比你小的人對嗎？再這樣就讓你好看！

　　C. 我禁止你打人。

12. 為了答謝你的幫助，鄰居送你一個禮物，你的反
　　應是：

　　A. 他真是太客氣了。

　　B. 這是他的心意。

　　C. 這令我很開心。

你所選的答案大多數是哪個字母，就是傾向於以下該種類型。

類型 A：至高無上的評判者

能迅速提供堅決而明確的評判，且多指向價值觀。你理解事物時力求清晰，因為那會令你心安。在你的眼中，好壞或者對錯有著明確的界線，這使你能夠做出明確、決然的評價，而且你一向都是毫無保留地做出評價。

問題是，你傾向於將自己的觀點強加給別人，似乎你的觀點就是唯一的真理。事實上，衡量和形容事物的方式有很多種，而且人也是複雜多變的，不應該給他人貼上固定的標籤。你與他人的緊張和分歧，會融入你的評判當中，從而導致你的意見出現偏頗。

努力的方向：從不同的角度看問題，嘗試理解與你意見不一致的人。仔細聽完別人的意見後，嘗試描述自己的感受，而不是評價。

類型 B：好壞皆有可能的評價者

需要加強評判行動或情境，而不是針對人。要試著不經由某種行為來界定一個人，因情境對每個人的反應都有重要影響。例如孩子不回答，不一定是因為她害羞，很可能是因為她沒聽懂問題。不應該在短時間裡，就做出最終的評判，這些評判往往會陷入模棱兩可或不夠明確。

　　努力的方向：放下評價，把注意力放在自己想改善的部分，找到自己的目標。

類型 C：觀察者

　　傾向描述自己的所見所聞，而不是要為其定性。你總是試著描述自己的感受，而不會妄加評論，因此總是能與人愉悅溝通，且對你有好印象。你不會把自己的觀點視為唯一的真理，也不會試圖把自己的意見強加於人。

　　努力的方向：不評價不等於麻木不仁，要保持積極的態度和行動。

遞進式表達 ABC

　　在渴望理解、表達期待、傳遞建議、表達拒絕、尋求支援等需要對他人有影響的對話中，我們一不留神就會把別人的情緒炸彈引爆。為了達成自己的期望，我們必須說得有力，這個力還不能是殺傷力、暴力，而是影響力。

　　對此，你可以學習利用遞進式表達 ABC。

　　A（affairs）：說出現實的狀況，也就是陳述事實、列出數據。

　　B（boring）：表達令自己煩惱的感受，引發共鳴。

　　C（change）：明確提出改變的訴求。

A 說出事實

所有的事實都毋庸置疑、客觀中立，且沒有主觀色彩。客觀的事實勝於雄辯，因此我們很難去質疑事實，講述事實就是「述而不論」的溝通力量。

B 表達感受

單純的情感表達比較容易讓人接受，因為情感是主觀的感受。當我們僅僅表達自己的感受，不帶評價、指責和判斷，且不具攻擊性時，對方很難去質疑情感，因為所有的情感都是共通的。

C 講訴求

(1) 訴求要明確

〔錯誤〕希望你能理解我。

〔正確〕我每天很晚才下班，回家後就想休息，不想再聊天了，希望你能理解。

(2) 訴求要具體

〔錯誤〕我們開會研究一下吧！

〔正確〕我們開會把分工的事研究一下吧。

(3) 訴求要量化

〔錯誤〕請你做一個計畫。

〔正確〕請你每月做一次計畫。

(4) 訴求要正面

〔錯誤〕我希望這個制度不要太煩瑣。

〔正確〕制度要簡單，其中的規定不要超過 10 條。

(5) 訴求要適度

〔錯誤〕你把酒戒掉吧。

〔正確〕我們能每天少喝一杯酒嗎？

小測驗

判斷事實 vs 非事實

你能判斷下列哪些是事實描述，哪些又不是嗎？

1. 「他昨天無緣無故對我發脾氣！」——「無緣無故」有抱怨之意，是隱含的評價。

2. 「她一邊做作業，一邊看手機。」——事實。

3. 「你工作的時間太長了。」——「太長了」是評價。

4. 「在會上，經理完全不理我的意見。」——指責是隱含的評價。

5. 「他爸爸是個好人。」——評價。

6. 「這週每天早上他都是第一個到。」——事實。

7. 「我兒子經常不刷牙。」——「經常」是評價。

8. 「我覺得這個事情不對。」——「不對」是評價。

9. 「我感覺，你是不是對我有意見？」——評價、質疑。

10. 「有你這樣的隊友，不輸才怪，大家都白努力了！」——評價、指責、抱怨。

從大腦回到內心

　　評價來自我們的大腦，感受來自我們的內心。評價者需要訓練自己多使用心，少用腦，因為我們的心才更接近真相。《心理月刊》中給了這樣的建議，當你被評價或者準備評價他人時，可以先按下暫停鍵，先對自己的身體和情緒做一個掃描：

(1) 掃描你的身體

我現在怎麼了？我的身體告訴我什麼？

心跳加速？口乾？手心出汗？握拳？胸口悶悶的？

(2) 掃描你的情緒

我的感覺是什麼？

被攻擊？擔心？生氣？受到挑戰？害怕？憤怒？

(3) 掃描你的思維

我的思維專注什麼？我是在想該如何辯解嗎？

我在想用什麼方法評價對方、激怒對方嗎？我有考慮到後果嗎？

遞進式表達的刻意練習

請就以下常見的職場溝通問題，使用遞進式表達。

- 對主管說：「我今天不能加班。」

  A 說出事實 _____

  B 表達感受 _____

  C 講訴求 _____

- 對同事說：「你們如果今天無法達到進度，會耽誤我的工作。」

  A 說出事實 _____

  B 表達感受 _____

  C 講訴求 _____

- 對下屬說：「你這個專案做的太差了。」

  A 說出事實 _____

  B 表達感受 _____

  C 講訴求 _____

你還遇到了哪些適合使用遞進式表達的溝通情境，把它記錄下來吧！

第 3 章

破解與陌生人拉近距離！
——適用於業務拜訪、交友……

方法 **7**

用 **4** 個萬用公式，
和人快速搭上話

　　如何和陌生人快速拉近距離，是很多人都想提升的溝通技巧，這個本領俗稱「搭訕」。搭訕是建立人際關係的起點，外向的人和內向的人，對搭訕的需求天生有差異。

　　心理學家辨別一個人外向還是內向時，參考的是在關係中獲取能量的方式。外向的人需要在人群中獲得能量，喜歡不斷對外發射訊號和人互動，建立起一段人際關係會讓他們精力更旺盛、心情更愉悅。而內向的人則恰恰相反，這類人需要回到獨自一人的狀態，才能恢復在人群和社會生活中消耗掉的精力，進而蓄滿能量。

　　所以，外向的人似乎天生就擅長搭訕，而對於內向的人來說，搭訕有點困難，他們甚至會對這種建立關係的方式有所抗拒。

　　內向的人學習搭訕，需要先接受自己不擅長搭訕的事實，再去掌握一些事半功倍的搭訕技巧，讓建立關係的過程變得更輕鬆。外向的人也要重新審視自己，以避免性格導致的盲目搭訕，讓搭訕的過程變得更為理性。只有這

樣，搭訕才能有始有終，「搭」得漂亮。

　　以下介紹四個萬用公式，它們對內向與外向的人都適用，達成有品質的搭訕。

搭訕預備式＝展露熱情＋適度跟隨

1. 展露熱情

　　心理學家曾做過一個實驗，目的是找出影響第一印象的最重要因素。他們發現，得體的「熱情」是好印象的首要因素，而「冷漠」則是不好印象的首要因素。

　　換句話說，如果你給別人的第一印象是熱情的，即使行為上有所欠缺，也可能會被他人所忽略。相反，如果你給別人的第一印象是冷漠的，即使聰明能幹，他人也會忽略這些優點，對你產生不好的印象。

　　熱情意味著友好和溫暖，當今社會處於飛速發展的節奏中，越來越少人會去等待日久見人心，所以慢熱者在人際交往中總會吃點虧。要想順利搭訕，還是得讓自己「熱得快」，我們可以先深呼吸讓自己平靜，然後展露出自信的微笑，用欣賞的眼光看向對方，熱情就呼之欲出。

2. 適度跟隨

　　物以類聚，人以群分。合群意味著人們在某種意義上

需要「同頻」。別人熱情，你就多與其互動；別人沉靜，你就少說話；別人快言快語，你就表現得乾脆俐落一些；別人慢條斯理，你就千萬別咄咄逼人。

在初次接觸中，採取與對方相似的交流風格尤為重要。這不僅僅是建立起有效溝通的前提，也展現出對他人的尊重。對話中語速的快慢、音量的高低，甚至肢體語言及姿態、表情的跟隨，都會影響對方的潛意識，適度的配合，能讓對方感到舒適，增加對你的接受度。

當然，模仿和跟隨不要誇張和過度，更不要和自己原本的風格背道而馳，否則東施效顰得不償失。

搭訕增強式＝重複刺激＋印象管理

1. 重複刺激

中國有句話：「見面三分情」。熟悉的東西，會讓人有安全感；熟悉的環境，會讓人有舒適感；熟悉的人，自然也會讓人多幾分親近和喜歡。所以，增加和他人能保持繫的機會，也有助於拉近距離。或者主動提供對方感興趣的資訊，製造小驚喜，這些都可以增強人與人之間的吸引力。兩個人熟絡起來，溝通自然就多了幾分親近，更容易打開心扉。

2. 印象管理

　　有的人能樹立出獨特風格，一出場就與眾不同，這也是建立人際影響力的重要技巧之一。然而，這個獨特的風格，應該是別人心嚮往之，或者充滿好奇和期待的，而非令人反感的。

　　獨特印象的打造也要考慮場合，要符合時宜。否則，也不是不可能造成反效果。例如在一個溫馨的讀書會上，如果一位女作家把知性的氣質，經由溫和談吐和適宜的穿搭展現出來，一定會讓人又羨又愛。然而，如果她此時大秀身材或奢侈品，恐怕就難免遭人白眼了。

搭訕單人式＝尋找共同點＋瞭解關注點

　　想進一步使對方信任你，讓溝通更深入，要尋找彼此的共同點，瞭解對方的關注點。

1. 尋找共同點

　　同種族、宗教、教育背景的人，往往有很多共同點，會拉近人和人之間的距離。因此若找到這些共同點，人們便會覺得彼此更貼近了一些。

　　溝通中為了尋找這些共同點，我們自然會在與他人的談話中，去瞭解、探聽。談得好，親上加親；但若談得不

好，觸及了別人的界限，就會適得其反。

(1) 尋找共同點的禁忌

我們都知道，年齡、收入、經歷、信仰、婚姻狀況、是否有子女都屬於個人的隱私，除非對方主動談起，否則不應輕易去詢問。在辦公室裡，對公司、老闆和其他同事的看法，也不應被輕易談論。

(2) 安全的攀談話題

休閒話題：體育、旅遊、愛好等休閒話題，很容易讓溝通氣氛變得輕鬆。但這需要平常累積各種體驗，聊起來才有感染力。

熱門話題：平時也需要多收集時事、流行話題、國內外新聞，但要避免敏感的政治傾向，和太過犀利的個人觀點。

高雅話題：文學、藝術、建築、歷史等話題，特別適合與喜歡思考的朋友交流，但對該話題要有基本的掌握，切忌班門弄斧、不懂裝懂。

相同經歷：親身的體驗最容易引起共鳴，相同的人生經歷，在搭訕中可遇不可求。不過，為了避免被視為打探他人的隱私，有關經歷的攀談最好由自己發起。例如，在聊天中不經意地透露自己是哪裡人、在哪裡求學、專業為何等等。一旦對方也有相同的經歷，自然地承接該話題後，愉快的聊天就開始了。

典型時刻：每個領域都會有代表人物、重要事件及熱門議題，如果能把這些作為話題，也可以吸引到對方的注意力。

萬用話題：如果實在不知道聊什麼才合適，「天氣怎麼樣」「路上順利嗎」「吃了嗎」等萬用話題也很不錯。

2. 瞭解對方的關注點，走進他的世界

很多人會問，什麼話題才能讓對方願意聊下去。答案當然是聊別人擅長的、專業的、關注的人事物。溝通中，為了產生共鳴，我們可以製造話題嘗試進入對方的領域，一起探討、交流，從而更加深入對方的內心世界。可是，如果你對於對方關注的領域完全不瞭解，又該如何溝通呢？

(1) 提問題

提問是最好的方式，因為大多數人都願意講述擅長和熟悉的內容。例如，「您做這行多久了？」「現在這個行業發展如何？」我們可以經由類似的提問，來打開對方的話匣子，很自然地使彼此進入良好的溝通狀態。

不用怕自己問的問題太幼稚、不專業，你充滿好奇和請教的態度，是打開對方內心世界的鑰匙。當然，如果有事先做功課，能提出有深度的問題，那麼對方就會對你刮目相看。

(2) 找入口

推開對方世界的大門，總要有一個入口。這個入口最好是自然而然、簡單、沒有對錯、無法拒絕的。例如，參加一個聚會，對方剛好坐在隔壁，你就可以從眼前的餐點開始聊起。第一天上班面對新的同事，就可以從請教茶水間在哪開始聊起。到了客戶那，可以從他的辦公室佈置風格開始聊起，然後再慢慢地把話題打開。

(3) 善類比

雖然隔行如隔山，但不同領域也多少會有相似之處，這些相似之處就是容易引起共鳴的話題。一位家庭主婦和一位專案經理，在管理方面是有共同點的。例如，他們可以聊聊忙不過來的時候，都是怎麼處理的。

即使是完全不同的兩個領域，存有很大差異時也會產生「互補吸引」的現象。例如，公務員和自由職業者，如果能一起聊聊有關自由和保障的問題，想必彼此都會收穫頗豐。

搭訕混合式 = 觀察局勢＋無痕滑入

有時候，為了讓自己順利加入某個團體，搭訕的技術要求就更高了。你不僅需要審時度勢，還要能抓住機會，來去自然。

1. 觀察局勢

　　沙灘上，幾個孩子圍成一圈，他們正在堆沙堡。這時有兩個孩子想加入，其中一個選擇蹲在外圈，安靜地看著他們玩。而另一個孩子大聲喊：「我也要玩！」要求加入。但沒有得到其他孩子的理會，他生氣地用腳把沙堡踢散了，孩子們打打鬧鬧亂成一團。

　　小孩子加入遊戲的方式，和成年人加入團體並沒有什麼兩樣。顯然那個踢散沙堡的孩子，並不是團體裡受歡迎的人。但有時候，成年人也會選擇用「踢館」的方式加入團體。例如，炫耀自己的能力，想取得指揮權；或作為一個新人，卻一進入團體就忙著給意見，這些都會導致搭訕失敗。

　　明智的做法是像第一個小朋友一樣，先蹲在旁邊看一看。不妨選擇一個比較邊緣的位置，先觀察一下整體的局勢，判斷這是什麼主題、什麼性質的聚會，或誰是團體中的領導者、核心人物，以及其中有沒有什麼規矩和習慣、成員們都在用什麼樣的方式相處。

2. 無痕滑入

　　做到心中有數之後，你就要耐心等待加入機會了。假如這個團體裡有認識的人，可以先和他攀談，讓他把你引薦給更多的人。或者在這個團體裡，剛好有一件事你幫得

上忙，就能順勢加入。再或者團體裡剛好有一個位置空出來，你就可以填補這個空缺。比較幸運的情況是，團體中有人發現你在等待，然後主動邀請你加入。

機會總是留給有準備的人。為了能讓自己在機會到來的時候自然加入團體，你需要做一些事前工作。例如，讓自己不要離群體太遠，或對團體正在討論的話題，保持同步思考與探討。

或者做一些和其他人一樣的反應，例如和大家一起笑。或用一個放鬆的姿態等待，不經意地與團體裡的成員眼神接觸到時，露出微笑或點個頭。接著，當機會到來時，你就可以無痕滑入了。

成功搭訕的刻意練習

內向者任務書一：搭訕預備式

展露熱情	適度跟隨
請你對著鏡子練習，調整呼吸、保持微笑並注意眼神，讓自己看起來充滿熱情。	請你在和他人對話時，有意識地把語調、語速、音量大小、表情、身體姿勢等，調整到和對方相近的程度。

我的刻意練習日記：

_____

_____

內向者任務書二：搭訕單人式

尋找共同點	瞭解對方的關注點
請你根據溝通對象的興趣愛好，收集對方感興趣的話題，嘗試和他聊一聊。	請你根據溝通對象的專業、關注事項準備幾個問題，在聊天的過程中，看看哪些問題引起了他的興趣。

我的刻意練習日記：

_____

_____

外向者任務書一：搭訕增強式

重複刺激	印象管理
請你總結一下，對於新朋友，可以採用哪些重複曝光自己的方法，以獲得他的持續關注，又不會令人引起反感。	請你翻看自己近半年來的社交媒體，根據整體印象，給自己發佈的內容歸納出三個關鍵字，看看這些關鍵字是否符合你想要的公眾印象。

我的刻意練習日記：

外向者任務書二：搭訕混合式

觀察局勢	無痕滑入
請先壓抑迅速加入群體的衝動，在周邊先觀察一下，想出三個有別於以往你加入團體的新方法。	請你在一個新的團體裡，體驗不經由外向的方式（熱絡的表達、熱情的互動等）加入的感受，看看是否有新的發現。

我的刻意練習日記：

方法8
只要一句讚美，
讓雙方距離更接近

每個人都喜歡被讚美

羅伯特・羅森塔爾（Robert Rosenthal）是一位美國心理學家，他做過一個經典的心理學實驗。

實驗中，他把一批學生隨機分為實驗組與對照組，並告訴老師：你拿到的這份學生名單，一組是高智商學生，而另一組只是普通學生。一段時間之後，神奇的事情發生了，被指為高智商的實驗組學生，成績明顯高出對照組的學生，但實際上分組並非根據智商。羅森塔爾等人將這項實驗中發現的現象稱為「羅森塔爾效應」，也被稱為「期望效應」。

這一效應對小白鼠也適用。在實驗室裡，一組研究生被告知實驗用的小白鼠很聰明，各項指標都非常優秀。而另一組研究生卻被告知實驗用的小白鼠很一般，動作遲鈍。於是，在訓練小白鼠走迷宮的實驗裡，又是被告知聰明的那一組小白鼠，表現得更加出色。

到底發生了什麼呢？原來，當研究生知道自己的小白鼠聰明時，會溫柔又充滿期待地對待牠們，還會經常說鼓勵的話、給予獎勵，充滿熱情地和牠們一起做練習。

而另一組研究生則不同，他們對小白鼠持著懷疑、抱怨的態度，甚至會發脾氣。心裡認為反正小白鼠也學不來，隨便練習一下就可以了。原來，小白鼠也一樣需要被讚美。

羅森塔爾的這個實驗告訴我們，外界的期望、信任、讚美會影響一個人的表現，這成為一種喚醒方式，成為接收者自我實現的預言。

孩子與成年人的分水嶺

1. 兒童的心理：萬能的自我

(1) 無條件地需要被保護

在人類生命的最初階段，也就是嬰兒時期，需要被無條件地保護。有食物供給、溫暖的擁抱、安心的環境，嬰兒才能感到安全。隨著年齡的增長，小小孩帶著這份安全感，開始探索更大的社會空間。一開始，他的探索可能只是樓下的一個花園，接著走進了幼稚園，再接著進入小學，嘗試一個人的旅行和「離家出走」，直到可以獨立走入社會，面對更廣闊的世界。

(2) 無條件地需要被關注

孩子從小就需要被關注，這不僅確保需要能被滿足，還能幫助他們不斷增加自我確定感，因此，最初的「自我」是經由他人的回應和關注，來不斷建立與確認的。例如，我的要求被回應了、我的需求被滿足了、我被溫柔地對待著、我被欣賞的目光關注著，從而孩子在這些關注的累積下，凝聚出自我價值感。

(3) 無條件地需要被認可

當孩子蹣跚學步，開始去行動、去嘗試、去探索時，他就需要被認可和肯定。在即使可能失敗的嘗試中，被允許及被支持；在遇到挫折甚至犯錯的時候，被支援及被接納。從而鍛煉出自我肯定，最終擁有自信心去面對成人世界的各種挑戰。

(4) 無條件地需要被負責

孩子是沒有辦法全權為自己負責的，監護人就是為他們負責的主體。到了學校，老師也成為他們的監護人。他們甚至不知道，什麼是需要自己去承擔的，也不會考慮行動的後果。隨著孩子一點點成長，慢慢獲得主體感，隨之而來的就是自我負責的精神。從自己穿衣服、收拾書包、做家務、為自己選擇書籍、自己選填志願，直到為自己的人生負責。

青春期是我們依靠他人到依靠自己的過渡期，這個時

期總會有很多震盪。如果父母在孩子的童年期，所給予的心理能量不足，缺乏必要的關注、認可，或者父母本身仍保有很多孩子氣的行事方式，無法負起作為父母的全部責任，那麼孩子的成年化過程就會困難重重，會格外需要向外界尋求認可、尋求關注，無法為自己做決定，無法為自己的選擇負責。

2. 成人的心理：社會的自我

(1) 保護自己與適度妥協

成年以後，人們不再一味尋求外界保護，而是學會保護自己。從衣食住行到人際交往，人們建立自我的界限，學習去維護自己的權益，同時也會尊重他人的利益，即便為自己爭取利益，也會適度對他人做出妥協。

(2) 關注他人的需要

成年人知道沒有人會像父母一樣無條件地滿足自己，所謂：「不幫我們是本分，幫助我們是情分。」於是開始自己努力去滿足需要，和別人建立友誼、交換價值。也漸漸能關注他人的需要，這不僅僅是為了實現目標，也是一種成熟的表現。

(3) 接受自己的不完美

成年人不再認為自己是全能的，知道自身的優勢，也知道自身的侷限。懂得量力而行，接受自己的不完美，不

再妄自尊大，也不會妄自菲薄。於是不再那麼需要經由外界的認可和標準，來判斷自己的實力和行為。

(4) 形成自發的動機

能成為一個具有「自由意志」的獨立成年人，本質上就是實現了自我負責。自己做決定、自己承擔後果，知道需要付出哪些努力，也知道要付出哪些代價，自動自發地為自己工作，創造屬於自己的生活。

但並非成年後就只具備成人的自我，兒童時期的自我也會在人格中佔有一定比重，因此也有需要被關注、被認可的時候。相反地，孩子有時候也有「小大人」的一面。

所以，作為成年人，一方面要強大自我，才有力量關注、回應和認可兒童的自我；另一方面，我們也要在他人需要被關注、被認可的時候，給予回應和支持。有時候，你讚美的是對他人兒童自我的關注和認可；而有時，你讚美的是成人之間的欣賞和支持。重要的是，無論哪一種讚美，都需要你的內心擁有成人的力量。

學習木匠，讓你的內在換個眼光

人們通常不習慣互相讚美，當我們想去放手嘗試的時候，會有人告訴你「要有自知之明」；當取得好成績時，馬上有人提醒我們「驕兵必敗」。

比起讚美，人們更強調批評與自我批評的重要性，認為謙虛能使人進步。例如，父母總是誇獎別人的孩子，卻害怕自己的孩子被「誇壞」了，甚至當別人誇獎自己孩子時，也要力極表達「我們家孩子沒你說的那麼好」，以展現出有涵養的一面。

這不僅不利於孩子的成長，也不利於成年人的自我成長。過度的自我批評，對他人的讚美會變得客套、流於形式，也會降低自己的價值感。

在這種思維下，人們容易養成醫生般的眼光：挑毛病、找問題，不斷向標準看齊。不僅專注於本身的缺點，也愛挑別人的缺點，認為「不對的」「不好的」「比別人差的」通通都是病，必須窮追猛打到治好為止，這種思考方式會讓生活充滿缺憾。

我們該補上一課，就是學習用「木匠」的眼光看待他人。在木匠的眼裡，木材沒有優劣之分，只有放在哪裡更合適，他總能看到每一塊木材的好處與用處。

如果你想學會讚美，不僅要用木匠的眼光去看待別人，更要用木匠的眼光看待自己。來看看以下不同的說法，你會有什麼感受？

醫生：我個性太急，藏不住心事。

木匠：我工作時是個快手，當天事情當天解決。

醫生：我很固執，有時過於主觀。

木匠：我很有自己的想法，能夠堅持自己的決定。

醫生：我比較粗心大意，不拘小節。

木匠：我重視目標和結果，抓大放小。

醫生：我生來膽小、害羞，沒見過大場面。

木匠：我傳統、嚴謹、忠誠度很高。

醫生：我從小就愛異想天開，不知天高地厚。

木匠：我思維活躍，敢於冒險，不怕挑戰權威。

醫生：我比較懶。

木匠：我知道怎麼讓自己舒服。

讓讚美自然地發生

1. 讚美的第一個誤區是「太假」

當我們意識到社交生活中越來越需要讚美時，可能會先去學習很多讚美的話語。不料有時話一出口，聽起來卻是滿嘴討好和奉承，連自己都尷尬不已。還有很多時候為了表現合群，不得不去附和他人的讚美，但這些讚美有時

連我們自己都覺得「太假」。

2. 讚美的第一個要訣是「真」

我們要做木匠不做醫生，內在要具備讚美的眼光，建立起真誠讚美的力量。而由內而外發出的真誠讚美，會表現在你的眼神、微笑、掌聲上，渾身上下散發出「我真為你高興」的氛圍，這些都能顯示出真心讚美。所以，你要對著鏡子，從表情開始練習起。

3. 讚美的第二個誤區是「太大」

很多讚美雖然真誠，但是對方卻很難感受到，這又是為什麼呢？

「你很有氣質。」
「你太優秀了。」
「你們這個專案做得太好了。」
「你是個好媽媽。」

諸如此類，你讚美的範圍太大了，就算內心是真誠的，對方也會感覺有一些「怪怪」的，因此我們要學會把讚美縮小範圍。

4. 讚美的第二個要訣是「實」

(1) 落實：讚美要從具體的細節入手、有憑有據。例如，「你這條圍巾配上這套洋裝，真是特別有氣質。」

(2) 真實：讚美要從真實的事情出發，使情境再現。例如，「上次主管臨時要一個企劃書，大家都急得不知道怎麼辦。你不僅把事情全接下來了，而且在那麼短的時間內把簡報做得又全面又有深度。我看到裡面很多資料，一定是平時就累積的，你真是太優秀了。」

(3) 證實：讚美要包含獨到的發現，使人豁然開朗。例如，「我看過很多關於人物的訪談節目，你剛剪輯好的這集，是我看過的最有感覺的。你總是能讓我們看到平時被忽視的人群，又能展現出他們的個性，我想這是因為你的直覺特別敏銳。」

(4) 充實：讚美要能給別人正面賦能，有如妙手回春。例如，「你總是說你的工作太忙，沒時間陪伴孩子，我看到了你的責任感，相信你一定是一位好媽媽。」

5. 讚美的第三個誤區是「太空」

對孩子的欣賞和讚美，很多家長是從西方的育兒經得到啟蒙的。例如，「你真棒」成了媽媽們的口頭禪，對這三個字視如珍寶，彷彿每天多說幾次「你真棒」，就是給孩子補充心理的鈣片和維生素。

可是這三個字，說多了也有副作用，會隨著使用次數的增加，使邊際效用越來越低。說得越多越沒用，喚不起孩子的成就感。這是為什麼呢？因為總是用這三個字蓋括所有優點，讚美的內容就變得非常空洞，甚至流於形式。

6. 讚美的第三個要訣是「情」

要解決讚美的空洞，除了以上講到的要有具體內容，最重要的是要學會用「情」。情是傳遞一種「認同的感覺」，這個認同會激發人們內在都具有的美好情操、真誠期待，讚美者與被讚美的人會變得惺惺相惜。對於用情的讚美，你可以使用以下說法。

「你的……讓我想起……真是太好了。」

「你的……特別……我好羨慕／喜歡啊！」

「今天你的……很不一樣！」

「我知道你這樣做是為了……你真是了不起。」

「你做了……我特別感動。」

【練習題】
正確讚美的刻意練習

　　請在你的工作和生活中，嘗試使用以下四個讚美方法，並記錄下你的語言和對方的反應。

1. 落實法：證據確鑿
   讚美的具體細節是 ＿＿＿＿＿＿＿＿＿＿＿＿＿
   對方的反應是 ＿＿＿＿＿＿＿＿＿＿＿＿＿＿＿

2. 真實法：情境再現
   讚美的真實事件是 ＿＿＿＿＿＿＿＿＿＿＿＿＿
   對方的反應是 ＿＿＿＿＿＿＿＿＿＿＿＿＿＿＿

3. 證實法：豁然開朗
   讚美的獨到視角是 ＿＿＿＿＿＿＿＿＿＿＿＿＿
   對方的反應是 ＿＿＿＿＿＿＿＿＿＿＿＿＿＿＿

4. 充實法：妙手回春
   讚美的正面賦能是 ＿＿＿＿＿＿＿＿＿＿＿＿＿
   對方的反應是 ＿＿＿＿＿＿＿＿＿＿＿＿＿＿＿

方法9

注意這 10 個線上交流邊界， 別讓關係更疏遠

　　過去幾十年來科技發展一日千里，廣播、電視、飛機與衛星構成了一個龐大的網路連接全球，世界上各個角落，幾乎可以在瞬息之間彼此相連。然而與此相對的，是人與人之間日漸隔閡，彼此的溝通，以前所未有的速度每況愈下。

——大衛・伯姆《論對話》

我們離真實的生活越來越遠

　　自從手機可以拍照，再熱鬧的飯局也無法全心享用了，飯菜不是用來品嘗的，而是要費盡心思拍給別人看的；再令人心曠神怡的風景，也無法手牽手一起感受了，花草和藍天不是用來欣賞的，而是要拍出來「曬」給別人羨慕的。

　　因此有這樣一句話廣為流傳：「不要以為是你的生活不好，只是因為你的手機相素還不夠高。」

我們離親情和友情越來越遠

從電子賀卡、祝福簡訊到用 LINE 和臉書拜年，越來越多的「溝通方式」讓我們放棄了走親訪友的傳統。交通工具不斷進化，搭上飛機幾個小時就可以直達千里之外，人們卻總要等到一票難求時，才會匆忙開始規畫回家的行程。買東西等快遞送來、要吃飯叫外送到家，鄰里之間鮮有往來。甚至在同一個屋簷下生活的人，也只用 LINE 互道晚安。

我們離「常識」越來越遠

我們不再經由景物辨認方向，反正導航技術越來越精準。我們放棄了親自尋找答案的過程，因為有 GOOGLE 可一鍵查詢。生活起居越來越科技化，體力勞動變得越來越少。我們吃著不當季的蔬菜瓜果，我們不斷把知識更新替代。

社交障礙：依賴科技，還是依賴彼此？

不知從何時起，社交障礙已悄然影響了我們。根據美國一項調查顯示，美國孩子在上學前已經看了 5 千至 8 千小時的電視。到高中時，他們看電視的時間已超過課堂學習的時間。在中國，孩子們的「電子保姆」也是隨著科技

發展，花樣不斷翻新。手機和電腦讓我們更加依賴技術，而不是依賴彼此，技術的進步反倒成為溝通的阻礙。

彼此之間互不依賴，最明顯的表現就是「宅」。「宅」成了一種時尚，因為一切都可以靠科技足不出戶完成，哪怕只是一碗泡麵，都可以隨時從網路下單取得。「宅」已然成了我們的重要健康隱患，一項歷時 20 年、人數超過 3 萬七千人的研究表示，親密的情感聯繫是保護身體健康的重要因素。

社會孤立者，缺乏可以分享私密感受或親密接觸的人，患病或死亡的機率是正常人的一倍。《科學》雜誌 1987 年發表的一篇報告指出，社會孤立導致死亡的風險，與吸煙、肥胖、高血壓、高膽固醇及缺少運動等因素一樣高，甚至更高。

與此同時，兒童的自閉類障礙、感統失調症狀、厭學狀況越來越常見，也越來越早發。孩子們無法與社會有正常連結和互動，無法協調自己的感官，失去了冒險和探險的天性。

技術使生活更便利的同時，我們也正在付出代價。

網路成癮：自控成了失控

「3C 控」「手機控」，一個「控」字把技術對人的控制表現得淋漓盡致，此「控」代表著成癮，表現在行為上則是失控。通訊技術的飛速進步，往往使人瀕臨資訊超載，不管資訊有用沒用，都填滿了我們的時間，不斷侵蝕生命品質。

網路成癮，會讓人時刻保持高度興奮狀態，連休息時間也被上網擠掉，甚至對手機鈴聲產生幻聽。可能導致睡眠不足、疲憊和精神衰弱，甚至罹患焦慮症和強迫症。這些技術原本是為了增強人際交往，卻因為使用不當導致個人與現實社會脫離，造成適得其反的人際關係緊張。

如何才算網路成癮？根據專家制訂的《網路成癮臨床診斷標準》，如果個人長期反覆使用網路，而且使用目的不是為了學習和工作，或者不利於學習和工作，符合以下症狀的，即為網路成癮：

(1) 對網路的使用有強烈的渴求或衝動感。

(2) 減少或停止上網時，會出現全身不適、煩躁、易激怒、注意力不集中、睡眠障礙等反應。

(3) 以下五點中至少符合一點：

● 為達到滿足感，不斷增加使用網路的時間和投入程度。

- 使用網路的開始、結束及持續時間難以控制。
- 固執地使用網路而不顧其明顯的危害性後果，即使知道網路使用的危害仍難以停止。
- 因使用網路，減少或放棄了其他興趣、娛樂或社交活動。
- 將使用網路作為一種逃避問題或緩解不良情緒的途徑。

線上交流 10 大邊界：站定真實的生活

1. 使用邊界

網路很吸引人，特別容易讓人忘卻時間。它模糊了我們工作和生活的界線，也同樣模糊了我們娛樂和休息的界線。似乎隨時都是可以工作，也隨時都可以娛樂。

所以，首先我們要學會設定使用的邊界。例如，哪些時間要停止使用手機，哪些時間要讓自己登出臉書、LINE。再甚者，我們要設定關閉手機的時間。越是成癮的人，越是要給自己完全離開手機的機會。

2. 即時邊界

從信件到 e-mail 再到 LINE，拜科技所賜，人們終於不必再飽受相思之苦，可以隨時隨地聊天，無時無刻得到

回應。距離和空間都不再是問題，溝通變得可以即時完成。然而，這種即時反而變成了另一種束縛：發出消息的下一秒就開始等待回應。技術上的可能性，讓人失去了等待的耐性。

如果你是一個容易被牽絆的人，會想秒回別人的訊息，而不管這麼做是否會打斷當下該做的事。即使有人可以一心二用，一邊做事一邊聊天，結果是無論做事還是聊天，都失去了應有的品質。所以，一方面我們要對他人有禮貌，非緊急的事，不要讓人有即時回覆的壓力。另一方面，不要成為隨時線上秒回的人。

3. 資訊邊界

經由手機可以得到的資訊太多、太碎片化，我們的身心都被深深影響，甚至滋生焦慮。所以要學會斷捨離，斷就是謹慎關注、謹慎下載、謹慎加入；捨就是要養成定期清理的習慣；離就是用「先收藏起來，先留著再說」的心情，和手機暫時說再見。

實際上，你有多少收藏的連結、檔案根本沒時間消化，你有多少下載的電子書、各種課程還沒有看完？知識和資訊更新是如此快，你所保存的很多都會迅速過時。所以資訊雖然沒有什麼重量，但一旦超載，仍會成為生命能量的負擔。

4. 信任邊界

因為有了海量的資訊，我們接下來自然要面對資訊甄別的難題。一個話題，多個專家說出了不同的「真相」和觀點，各個都想一鳴驚人。同樣的主題，不同文章都打著科學的旗號，卻說得大相徑庭。關於醫療、飲食、健康方面的說法，更是花樣百出。

我們不僅要大量運用批判性思維，選擇性地接受，還要注意避免轉傳不實的資訊，以免造成他人焦慮。我們要有能力甄別哪些是可信的自媒體，哪些是負責任的官方發佈管道。

5. 現實邊界

當你使用社交媒體的時候，可能經常有「別人都過得比我好」的感覺。直到有一天，我看到一位部落客貼了一張照片：一個女孩在凌亂不堪的租房裡，站在堆滿髒衣服的床上，對著鋪有漂亮桌巾的桌子拍照，上面有一盤蔬菜沙拉。她為了給那顆酪梨拍出最美的網美照，顧不上自己可笑的姿勢。

因此不要輕易相信別人在社交媒體裡的模樣，也不要特地塑造一個虛假的自己。太多的精修，會讓我們喪失生活的質感。

6. 理性邊界

手機成了一個充滿巨大商機的地方。各種打折方案、領紅利、抽大獎、買千送百，促銷手段層出不窮，一不留神就容易買多、買錯。對此，我們要給自己的錢包設置一個理性的邊界，其實也就是給自己的欲望設置一個理性的邊界。

7. 關係邊界

在如今的社交場合，盛行面對面時來建個群組，互相加個 LINE。對此，你是如何處理的呢？是敞開心扉來者不拒，還是「閉關鎖國」一概不理，我認為這兩種極端方式都不值得提倡。

在現實的社交活動中，分為三個交往圈：社交圈、人際圈和親密圈。社交圈裡是泛泛之交，是為了實現社會交往建立的關係。人際圈裡多是已經和自己有工作關係、朋友關係的人。而親密圈裡是我們的家人，知心的摯友，交往甚深的社會關係，是相對上封閉的一個關係網。

那麼在網路社交無處不在的今天，你是否也會建立這樣的關係層次呢？網路社交是一個既虛擬又真實的世界，你如何把握其中的虛擬和真實呢？你是否能適當驗證後做分類，並定期整理和清理呢？當你拿不定的時候，就勇敢地拒絕吧。

8. 表達邊界

關係的邊界，是你控制了有哪些人和你可能建立關係。接下來，你要會控制對他們說什麼話。我們有時把網路上的朋友圈稱為「自媒體」，意思是在那裡你可以表達自己。這些表達可能會同時被某些人看到，他們可能是你的家人、你的朋友，也可能是你的老師、你的老闆、你的客戶，以及你未來的客戶。你的每一個表達，也都在構建著他們對你的感覺和評價。

如果你很容易一有情緒就需要被按讚、一生氣就發個抱怨文。這些不成熟的表達，很可能會讓你失去一些機會。如果你總是秀自己的修圖、太過遮掩原本的自己，很可能讓你離真實的朋友越來越遠。這些在現實中的表達邊界，就算是在你的自媒體上，也是要遵守的。

9. 書寫邊界

有了即時聊天工具以後，我們的打字速度越來越快了。用文字聊天，已經成了一種新的溝通習慣。但是，文字交流經常會造成誤會，滋生不恰當的想像。所以，重要的事情，還是要以正式的面對面溝通較好。此外，要多使用語音通話和視訊聊天，帶有聲音和溫度的訊息，遠遠超過文字所能傳遞的內容。

10. 隱私邊界

　　最後的隱私邊界很好理解，隱私邊界也是我們的安全邊界。今日的手機功能強大，但也會透露很多個人資訊，因此要學會設置底線。例如，哪些內容不經由手機流出、如何設定安全性高的密碼、綁定的信用卡會有什麼付款程序。也要注意如何在聊天中保護自己的隱私，及不侵犯到他人隱私。

恢復社交：聊天還是得「肉搏」

　　面對面的溝通，即「肉搏」式的情感交流，永遠不可被忽視和取代。溝通和交流本來就該是一個肉搏的過程，過程中我們可以看到、聞到、觸摸到、感受到。溝通不僅是交換訊息，更是一種情感的交流和互動。

　　讓溝通面對面進行，保持良好的溝通習慣，其實就是保持一種建立關係、維護關係的能力，這種能力對現代人來說特別重要。

1. 走出門，與社會保持真實的互動

　　一個人長時間「宅」在家，很容易打亂生活節奏，造成健康隱患。亞健康的身體狀況會加重低落的情緒，使人更缺乏行動力，不願與人交往，也越來越難走出門，長時

間下來往往造成惡性循環。所以一定要想盡可能地走出門活動，例如逛逛街、看看電影、見見朋友、到公園散步、做做運動。天氣好的時候，更要多安排一些戶外活動。

2. 在工作中建立舒適的人際關係

有人說，我平日工作非常繁忙，週末根本沒時間建立人際關係，如果你是這類人，不妨在工作環境中，營造與他人的互動和情感交流。建立起舒適的職場人際關係，此點對於當下的職場人士來說尤其重要。

3. 加入一個真實的社團

選擇一個自己喜歡的興趣社團或學習小聚會，定期參加活動。就如同加入健身房一樣，在集體行動下，凡事都比較容易堅持下去。多參加一些社交活動後會發現，加入人群，你才能更貼近這個日新月異的社會。

4. 三五好友，定期見面

幾千年前的甲骨文中，便有兩個字被用來表達情感交流的重要意義。一個是「好」字，這個字描繪的是一個女子抱著一個孩子，親情、密切的接觸便是好。

另一個字是「朋」，由一串繩子和六個貝殼描繪而成。貝殼是古時的錢幣，象徵著財富，由此比喻朋友、情

感的支持是無價之寶。

　　每個人身邊總要維持幾個好友，再忙也要約出來，偶爾見見面、談談心。面對面的交流是一種非常深入的情感互動，用心去經營一份情感的關係，能得到心靈的成長，也可以讓我們在有些「心累」時，重新獲得力量。保持溝通，即是保持關係；經營溝通，即是經營關係。

不被手機綁架的刻意練習

擺脫手機的綁架，和提升現實生活中的社交能力是相輔相成的。請根據本章內容填寫下列任務書，給自己製訂一個計畫。

手機使用邊界設定規則	我的社交計畫
舉例： 每天晚上 11 點準時關手機 1. 2. 3. 4. 5 6.	舉例： 每週六固定去打一場羽毛球

方法10
說好話，
是良好互動的開始

在面試中，面試官常會問一個問題：「上一份工作離職的原因是什麼？」

有的人會如實表達離職的客觀事實；有的人會說因為前一份工作沒有發展的空間；有人會感謝前公司，表示收穫很多及對未來的考量；也有少數人會「吐槽」前公司的種種問題。

面試官提出這個問題，實際上想知道的是什麼呢？其實比起關心具體的離職原因，對過去雇主以及自我評價的態度，才是面試官重視的內容。

一個認為自己有價值、懂得感恩，也能看到前雇主優點的面試者，顯然更受企業歡迎。因為健康的自我價值感，以及對他人價值感的認可，顯然更有利於融入團體、建立人際關係。

反之，如果表現出對自己沒有信心，或者對團體、他人充滿抱怨，面試者會推斷，同樣的行為模式也會發生在未來工作中。也許你在不經意間流露出的言語，就決定著

是否可以拿到這個「offer」。會說話，真的有好運。

高價值互動循環：提升自我價值感

　　擁有較高自我價值感的人，對自己、他人和世界願意給積極的假設，內心也較有安全感。他們相對樂觀，認為自己值得擁有，也相信會被好好對待。這份自我價值感，能幫助他們表現得積極主動，給他人留下正面的印象。

　　因此，他人也會傾向於給予積極的回饋。在環境和他人的認可下，又會進一步肯定他們的自我價值感，從而進入一個正向循環（如圖 3-1 所示）。

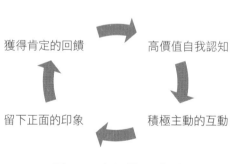

▲ 圖 3-1　高價值互動循環

1. 懂得發現美好

一位老師拿出一個裝滿沙子的大紙盒，一邊展示給學生看，一邊說：「這些沙子裡摻雜著鐵屑，你們能不能用眼睛和手指把鐵屑挑出來？」大家紛紛搖頭。

說罷，他從包包裡掏出一塊磁鐵，接著把它放在沙子裡面不停攪動，磁鐵周圍很快地吸滿了鐵屑。老師把鐵屑展示給同學們看清楚：「這就是磁鐵的魔力，我們用手和眼睛無法辦到的事，它卻能夠輕而易舉地做得很好。」

這塊磁鐵，就是一顆懂得發現美好的「心」。擁有一顆發現美好的心，就會像磁鐵一樣，無論到哪裡，都能吸引有用的資源、美好的事物以及幸福的生活，它會促生高自我價值感。

2. 發現自己的優勢

一個懂得發現美好的人，是先從欣賞自己、發現自己的美好開始的。發現自己的優勢，肯定和認可自己的優勢，提升和訓練這些優勢，並經由這些優勢獲得價值，是自我價值感最有力的根基和保障。

(1) 情緒訊號法

在充分發揮優勢、做自己喜歡和擅長的事情時，情緒會傳遞給我們愉悅滿足的訊息。所以，要細細體會自己做

哪些事時，會打從心底相信和喜歡，且容易獲得成就感和滿足感。觀察自己是否「從心所願」，是一個非常好的驗證方法。

(2) 價值回饋法

發揮你的優勢、做你擅長的事，總能獲得一些回報，要麼是他人的肯定，要麼是物質上的回報，要麼是精神上的滿足，要麼是一份得心應手的工作。那些有價值回饋的地方，一定蘊藏著你的優勢。

(3) 測試法

從網路上常見的簡單的心理測驗或興趣測驗，到應用層面較廣的霍蘭德職業傾向測試、性格測試（MBTI），以及專業的情商測評、人力資源測評工具等，都能從不同角度和深度幫助我們瞭解自己的特質，發現自我優勢。這些測試法，都能為我們提供一些有用的資訊，完善自我評價。

(4) 前輩指路法

前輩、過來人、有經驗的 HR 等等，大多閱人無數，是很好的伯樂。如果能得到他們的指點，是一件非常幸運的事情。那些熟悉你的長輩、老師、主管，也是對你的優勢十分瞭解的人，可以找機會徵詢他們的意見。

(5) 朋友提示法

在你的朋友圈裡，說起一件事時，大家第一個就會想

起你，那一定就是你的優勢所在。可以問問熟悉的朋友，他們在哪些事上最需要你，你會在朋友那裡找到答案。

3. 積極的歸因方式

美國心理協會前任主席、積極心理學之父馬丁・塞利格曼（Martin Seligman）指出，樂觀是一種歸因風格，即我們會用樂觀、積極的角度，來看待發生在自己身上的事。

樂觀的人會把積極的事件歸因於自身、持久、普遍的原因，把消極事件歸因於外部、暫時、情境性的原因。他們往往認為失敗只是暫時的，不是自己的過錯所導致，困境可以變成一種挑戰、一個有所作為的機遇，能夠引發更多的努力。

而悲觀者則恰恰相反，即使成功了，他們也認為是偶然的。面對失敗和困境，往往會認為是自己的原因，並且覺得永無出頭之日，抑鬱者往往有這種傾向。

積極的歸因方式會讓我們在遭遇困難和挫折時，不會對自己有太多的懷疑和責備，這保全了我們的自我價值感。而消極的歸因方式，往往會損傷我們的自我價值感，引發強烈的自我否定。

4. 提高快樂的能力

　　快樂是自我價值感最重要的檢驗。有時我們會說：
「生活向下看齊，學習向上看齊。」但其實，當今社會上
無論生活還是學習，人們都向上看齊得有點過了頭。物質
上比優渥，學習比高分、升學率，總覺得誰都比自己過得
好。比來比去，自我價值感就很難穩定了。

　　我們要學會放過自己，提高產生快樂情緒的能力，學
會對發生在自己身上的「小確幸」心生歡喜。在我們身
邊，總有一些人活得輕鬆自在，自娛自樂，不會被社會的
枷鎖所桎梏。說他們胸無大志也好，說他們粗線條也罷，
畢竟他們開心愉快的，若多學習他們的人生哲學，就能找
回自己快樂的生活。

低價值互動循環：逃不開的命運魔咒

　　自我價值感低的人不太有安全感，對自己、他人和世
界會不自覺地做消極假設。他們相對悲觀，認為自己不值
得擁有，也不太相信會被好好對待。這麼一來，自然會做
出更消極防禦的表現，給他人留下負面的印象。

　　因此，他人會傾向於給予消極甚至傷害性的回饋。這
種環境和他人的打擊，又會繼續加劇他們對於自我價值感
的否定，從而進入一個負循環（如圖 3-2 所示）。

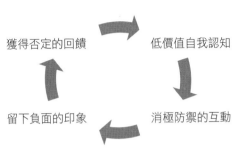

▲ 圖 3-2　低價值互動循環

1. 把別人都當作看不起自己的人

　　小宇的家境不太好，在學校總是不太愛說話。一次他被朋友帶去參加聚會，大家都輕鬆地談著近況，而他似乎不知道如何融入，於是拿起一本書看了起來。有個朋友感受到他的尷尬，想拉他融入，就丟給他一個話題，說：「小宇，我們最近都覺得壓力很大，聽說你在研究心理學，幫我們分析分析看看吧。」

　　這本是想讓小宇融入大家的客套話，沒想到他卻認真起來，從大腦解剖機制說到壓力作用，還給每個人做了分析和評價。說完這番話後，願意跟他聊天的人更少了。小宇心裡很難過，認為自己「不被認可」，而悄悄地提前離開了聚會。

　　其實聚會的時候獨自拿出書來看，就是一種不合時宜

的行為，會被誤以為是要證明自己與眾不同。在別人找話題和他攀談時，又誤判了自己的角色，給別人開起了「處方箋」。內心害怕不被認可的人，總是會這樣對自己的認知忽高忽低。一方面表現得沒有自信，另一方面又會經由自我膨脹，來避免別人看不起自己。

低價值的自我認知會導致「不被認可感」，往往會使人過於在意在他人面前的表現，太在乎他人的反應。與人互動時，則會表現出以下幾點：

- 沒有自己的喜好，忽視自己的需要。
- 強調或在不知不覺中暴露自己的缺點。
- 做出過於高估自己的行為，喜歡表現。
- 過分討好他人。
- 故意與他人保持距離。

在不被認可的互動中，嚴重時會遭遇排擠，導致被羞辱、被攻擊，結果惡性循環，加深一個人的不被認可感。

2. 把別人都當作不相信自己的人

小佳是一名應屆大學畢業生，畢業後在找工作上受到很多挫折，因此她近來很喪志。

好不容易，有一個小佳非常喜歡的銀行工作要她去面

試。她為此精心準備了兩個多月，查閱了很多資料，反覆斟酌修改自己的簡歷，認真研究面試技巧，生怕自己說錯話。面試前一天，她聽說這家企業比較看重應聘者是否瞭解企業，便連夜上網收集資料，一直忙到半夜。

　　她因為前一天太晚睡，結果第二天太晚起床了，最後氣喘吁吁地趕到應聘單位，差一點就遲到。手忙腳亂中，發現自己居然忘帶了一份重要的資料。她心裡想著這下可糟糕了，一個恍神，不小心撞上了玻璃門，「砰！」的一聲，吸引了所有人的注意。在接下來的面試過程中，雖然面試官對她很親切，小佳卻好像失了魂一樣，全然不記得自己說了什麼。

　　低價值的自我認知，會導致「I'm loser.」的失敗模式。這種失敗模式，我們是否似曾相識呢？擁有這類模式的人在互動中，經常會表現出如下行為：

- 誠惶誠恐，對自己的失誤耿耿於懷。
- 總是努力錯方向。
- 過分準備、刻苦，無法放鬆。
- 不敢抓住機會。
- 挑戰超出自己能力太多的事。

失敗模式會讓他人心生輕視，甚至導致被忽略、被貶低，從而加深一個人的失敗感。

3. 把別人都當作傷害自己的人

美慧是個漂亮的女孩，高挑的個子、白淨的皮膚，許多男生都會被她吸引。美慧有很多追求者，可是她很難保持一份長久的親密關係。

離開她的男生都說：「她常疑神疑鬼，每天都要向她報告做了什麼、去了哪裡，而且不管我到哪她都要跟著。」「她總說自己不被理解，又不說自己想要什麼，我都不知道該怎麼做，相處起來太累了。」「稍微分開一段時間，她就會不斷追問是不是不想理她了，或是不是有新女朋友了？」

她的「不敢信任」態度嚇跑了許多男孩子，就這樣美慧失去了很多不錯的交往對象。

低價值的自我認知，會導致對他人「不敢信任」。擁有這種模式的人，因過度缺乏安全感，在與他人的互動中會表現出：

- 依附他人，要求保證。
- 愛猜疑，疑神疑鬼。

- 害怕被他人利用和迫害，而提前做出逃避或傷害的行為。
- 說話拐彎抹角，覺得別人不懂自己。
- 與事實上對自己不好的人交往。

不敢信任的互動，會讓他人心生厭煩，甚至導致被攻擊、被拋棄，從而加深更加不敢信任的惡性循環。

避免低價值循環的刻意練習

請你回憶、觀察身邊的人或者自己的表現,找出在低價值互動循環中,人們經常出現的語言和行為模式。

低價值 互動模式	不被認可	I'm loser.	不敢信任
他會 怎麼說?			
他會 怎麼做?			
他可以 怎麼說?			
他可以 怎麼做?			

NOTE

第 4 章

破解無法快速、
精準表達重點時！
——適用於向下屬布達、上台演講……

方法 **11**

說話在精不在多，
意思到位才重要

言簡意賅：少說點才好消化

　　在日常生活中，飯菜吃太多會消化不良；藥用太多會產生抗藥性；話說得太多聽者也會麻木。對於一般成年人來說，高注意力的時間只有 10 分鐘，所以溝通時說得太多、太久，聽眾會對你的話產生「抗藥性」。

　　心理學家在研究短期記憶時還發現，大腦一次接收的訊息一旦超過 5 個，記憶就容易出錯、產生混亂。溝通中，你是否能言簡意賅，化繁為簡，就顯得尤為重要。

　　來！我們用以下的練習來試一試。

　　和朋友約好出遊，你要交代他們攜帶必備物品，包括：身分證、錢包、火車票、藥品、指南針、手機、充電器、地圖、手電筒、相機、防曬乳液、遮陽帽。

　　注意，此時你沒有紙筆，只能經由語言來傳達，並且還要讓每個隊友都記住，並一一落實，你會怎麼說呢？

1. 第一招：重新梳理雜亂的訊息

　　很多時候，我們不得不交代 5 個甚至更多的訊息。如果雜亂的訊息能夠得到有序的分類，便可使聽者記住更多內容。就像把不同類別的書擺入相應的書架，把不同類型的物品分門別類地放進抽屜一樣。

　　我們需要將訊息依照「不同的抽屜」，重新做分類（如表 4-1 所示）。

表 4-1 ▶▶ 抽屜分類法

抽屜序號	屬性	物品
抽屜 1	保證出行的	錢包、身分證、火車票
抽屜 2	保持聯絡的	手機、充電器
抽屜 3	尋找方向的	地圖、指南針、手電筒
抽屜 4	讓我們玩得更盡興的	遮陽帽、藥品、相機、防曬乳液

　　好比以上，你可以按照物品類別、方位（東南西北）、時間的先後順序（事前、事中、事後），和重要程度（主要、次要）來重新梳理訊息。當我們把訊息分門別類（不要超過 5 個分類）分好後，大腦便可以更輕鬆地接收了。

2. 第二招：精煉出關鍵字

　　把物品進行分類以後，為了方便記憶，我們還可以賦予每一類便於記憶的關鍵字。就上面的例子來說，關鍵字可以是：走得出去、喊得出來、找得到路、玩得開心。

- 走得出去：錢包、身分證、火車票。
- 喊得出來：手機、充電器。
- 找得到路：地圖、指南針、手電筒。
- 玩得開心：遮陽帽、藥品、相機、防曬乳液。

　　這樣記起來是不是更輕鬆了呢？還有一個有趣的記憶方法，很多人出門時容易丟三落四，如果記住「伸手要錢」的口訣（身分證、手機、鑰匙、錢包），相信再也不會忘記帶這些東西出門了。以上是賦予關鍵字的經典案例，由此可知，好的關鍵字讓我們一聽就能記住，且一旦記住就不容易忘記。

3. 第三招：找到一個邏輯

　　把分散的訊息找到邏輯，它們就會被串連起來。被加工過的訊息，一旦進入長期記憶被儲存起來，就不會輕易忘記。

　　(1) 時間先後邏輯：先打開錢包，接著拿出身分證，最後買火車票。

(2) **空間邏輯**（上下左右、東西南北）：頭上戴著帽子，臉上塗點防曬乳液，胸前掛著相機，口袋裡裝著拉肚子的藥。

(3) **必備要素邏輯**：在漆黑的夜裡，找路時需要一手拿著手電筒一手照著地圖，並看著指南針。

你當然還可以設計出更多巧妙的邏輯，讓別人更輕鬆記住你說的話。

言必有中：站在別人的立場上說話

有個詞你可能耳熟能詳，叫作「換位思考」，意思是能夠真切理解別人的感受、站在別人的角度看問題。在此基礎上，你還需要「站在別人的立場上」表達，才能說中關鍵、說中要害、說中人心。

1. 換個位，和他人看同方向

某天一位求職者去面試，下了公車後不知道該怎麼走，只好打電話向 HR 求助：「請問我在○○公車站，怎麼走才能到公司呢？」

HR 流利地說：「下公車後向東走，第一個路口右轉，500 公尺處馬路左邊的大樓就是了。」

面試者一邊迅速辨認著「上下南北」，一邊在電話這

頭小聲覆述。

HR 感覺到了電話那頭的求職者暈頭轉向，馬上換了個說法：「下了公車後，面對太陽，沿著馬路一直往前走。走到第一個紅綠燈，找到麥當勞後再往前走一點。就能看到公司的招牌了。」

「這麼說，我就明白了！」面試者說完就胸有成竹地出發了。

你給別人指過路嗎？你是否考慮過對方是開車，還是步行？你知道對方的方向感如何嗎？會不會使用導航？

在表達的時候，如果你能「換位」，和對方的眼睛看著同一個方向，才能在溝通中分享同樣的風景。

2. 理解別人的處境，保持同一出發點

L 總監出差那天到了下褟酒店，因為臨時要見幾個當地的供應商，他想租用酒店的會議室。但負責會議室的職員直接拒絕了 L 總監的要求：「您好，先生。會議室是需要提前一天預訂的，所以現在您不能使用。」

「但會議室不是空著嗎？我有急事用一下，我的客戶都在路上了，晚點再補預訂手續不行嗎？」

「對不起，這是規定。而且會議室已經保留給其他客人了，1 個小時以後客人就要使用。」

「那我就用1個小時不行嗎？你做事能不能有彈性一點？」

「對不起，先生，這真的不行。」

L總監又急又氣，眼看一場衝突就要爆發⋯⋯

這時候，酒店經理走過來，詢問了L總監的情況後，這麼說：「L先生，我們知道這個會面對您很重要。但先前預約的那組客人可能一會兒就到了，如果把會議室讓給您，使用到一半時那組客人也到了，會打擾到您。您看這樣好不好？我幫您在中餐廳整理出一間包廂，簡單佈置後給您使用可以嗎？」

就這樣，會議室的風波化解了。同樣是婉言拒絕，「對不起，這是規定」和「我怕會打擾您」兩種說法，給人的感受截然不同。因此設身處地的換位溝通方式，才能讓對方樂於接受。

3. 瞭解別人的需要，聚焦在同個地方

行銷課上，有一個賣水的基本練習：若要將380ml的小瓶礦泉水，分別推銷給辦公室白領、工程師及部門主管，我們該如何達成任務呢？

優秀的銷售人員總是能變換不同的溝通方式，來推薦自己的產品。他會對辦公室白領說：這瓶380ml的水，大

小正合適放到您的包包裡，背起來也不重，特別方便隨身攜帶，您可以買一瓶在上下班的路上喝。

他會對工程師說：您長期對著電腦又常加班，難免有慢性疲勞的問題，這瓶礦泉水是弱鹼性的，多喝點對身體有好處。

他會對部門主管說：這瓶礦泉水口碑不錯，價格也不貴。您採購後擺在桌子上，不管是開會時用，還是招待客戶時拿出來，都顯得有質感。容量也剛剛好，不會造成浪費。

有的銷售人員口若懸河，卻絲毫無法打動客戶，甚至把客戶嚇跑。因為老王賣瓜式的溝通，總是難以擊中人心，你說的未必是對方需要和在意的。即使同一個產品，聰明的銷售人員也會找出不一樣的賣點。換位思考後，說中對方真正需要的，才是有價值的話。

言多必失：說話之前先過濾

說出去的話要有三道篩：真實、善意和慎重。

1. 說出來的一定要是真話

C君今天要去聯誼，特意很認真地打扮了一番。他問好朋友自己這一身行頭怎麼樣？C君是個很有朝氣的男

孩，平日的生活方式很規律，還時不時去跑馬拉松。可是
今天他為了顯得正式一點，穿了一套有點老氣的西裝，還
把頭髮梳得油亮，這讓他看上去有點滑稽。

如果你是他的好友，你會怎麼說？

國學家季羨林先生，說過一句關於處事的話：「真話
不全說，假話全不說。」這句話就是此刻的解決之道。我
們對人應真誠相待，但是真誠相待不等於任何事情都得全
盤托出。哪些真話可以講，可能要斟酌一下，為自己的處
境和別人的心情多加考慮，才能避免言多必失。

2. 講出來的一定要存善意

一個實習生在設計部已經滿三個月了，拿到實習證書
後，她就可以畢業趕緊找工作了。部門主管和同事對她都
很好，實習的這陣子，同事多少和她聊到對主管的不滿，
她還知道有位同事想跳槽到其他公司。就再臨走前，主管
詢問了她這陣子的工作情況，並給了一個紅包當作獎勵。

如果你是這位實習生，會把同事們私下聊天的內容全
盤托出嗎？

有些時候，我們並不能確定說出某件事後，對他人和
局勢的影響，也不能確定自己接收的訊息是否屬實。可是

我們又想要給別人一點提示，以避免造成傷害和損失。這時，有一個能謹慎表達的方式，那就是善意提醒，能避免自己的好心反而變成禍從口出。

3. 給出來的一定要有幫助

M 女士在辦公室和 A 是不錯的朋友，近日 A 為了職位晉升的問題，苦惱不已。有天她來找 M 女士訴苦，並詢問自己是不是有實力晉升，能不能給她一些建議。M 女士對這個問題有自己的看法，也瞭解這位同事的優勢和不足。

如果你是 M 女士，會如實給同事建議嗎？

作為管理者的你，作為專家的你，作為朋友和同事的你，那些認為「對」的選擇和建議，對於別人來說也是「對」的嗎？你的肺腑之言、過往經驗，真的能夠幫助別人嗎？特別是當別人面臨重大抉擇和特殊事件時，我們的建議更應該慎重。這並不是因為害怕承擔責任，而是對他人負責。

不講閒言閒語

避免講別人的閒話，是非常重要的溝通法則。尊重不在場的第三人，是你人品非常重要的背書。

很多人在現實中可以做到這一點，但是在網路中卻難以自持。網路互動有匿名的特點，有時會助長內心難以自持的衝動，肆意的發洩、詆毀、嘲笑，很多偏激的言論隨之而來。「鍵盤俠」「肉搜」「網路暴力」字字如刀槍，哪怕你只是隨波逐流跟風發洩，一旦造成傷害，也會讓自己追悔莫及。

君子慎獨，不欺暗室。管理好自己的嘴，也就守住了自己的心。

今日很多家長因為孩子不愛說話而擔憂，市面上教說話的課程多不可數，各種說話方法和技巧也應運而生。然而，語言還是以樸實為貴。那些浮誇的讚美、各式各樣的說服技巧、博眼球的花式演說技巧，最終都比不過真誠的表達。

換位表達的刻意練習

想一個你要對下屬交代的任務	
這項任務給對方帶來的幫助是什麼？	
基於以上的幫助，你將如何表達？	
你用什麼樣的方式確認這個表達有效？	

方法12

說別人「聽得懂」的話，
溝通更順利

　　《聖經・創世紀》中描寫過通天塔的故事。人們為了傳揚自己的名聲，挑戰神的權威，要合力造一座通天塔。

　　於是耶和華說：「他們成為一樣的人民，都說一樣的言語，如今做起這事來，以後他們就沒有成就不了的事了。我們下去變亂他們的口音，使他們的言語彼此不通。」

　　於是，耶和華輕而易舉地就使人們各自分散，通天塔也從此停工了。

　　語言是一個神奇的禮物，人類有了語言才得以彼此接近，而同樣也是因為語言，才有了各種阻礙和誤會。阻擋我們的不僅是語言的種類或口音，即使同一個民族、同一座城市，也都會因不同的經歷和背景，對語言有不同的理解。此外，人們有各自擅長的專業領域，在各種小團體裡，有著局外人不能理解的「暗號」。

　　因此語言是橋，也是牆，我們必須學會搭橋與拆牆，

說別人聽得懂的話，以下提供幾個能幫助雙方順利溝通的方法。

巧妙翻譯

我們先來看看這個故事。

莉諾亞公主病倒了。國王說：「我會滿足你的任何心願，只要你能康復。」

公主說：「如果得到月亮，我的病就會好起來。」

國王身邊有很多智者，他叫來了物理學家、天文學家等等，但沒有一個人能幫公主得到月亮，他們說：「月亮遠在 30 萬英里之外，有半個王國那麼大。」於是國王十分憤怒，把他們都趕走了。

這時宮廷小丑說：「國王，智者說的應該沒錯。但我們要弄清楚的是，莉諾亞公主認為月亮有多大，有多遠。」於是，國王允許他和公主談一談。

「你有沒有把月亮帶來？」公主問道。

「還沒有，但是我馬上去為您摘，您覺得月亮有多大？」宮廷小丑反問。

「比我的拇指小一點點，因為我舉起拇指的時候能蓋住月亮。」公主說。

「那麼月亮離我們有多遠呢？」宮廷小丑問。

「可能就在我窗外的大樹那裡，因為有時候月亮就掛在樹梢。」公主回答。

接著，宮廷小丑又問：「月亮是什麼做的呢？」

公主說：「傻瓜，當然是金子做的。」

「今晚我會爬到樹上，等月亮掛在樹梢就為您摘下來。」宮廷小丑說。

離開公主的房間後，他馬上去了金匠那，要金匠做一個小圓餅形狀的金項鍊。

第二天他把金項鍊獻給公主，得到月亮的公主萬分高興，過沒幾天，她的病就好了。

如同上述的故事，語言是一個符號，它通向每個人內在的感受、觀念和經驗系統。我們不能想當然爾地認為，對方說的一定是某個意思，而是要學會「翻譯」對方的想法。同樣是月亮，在孩子和智者心裡完全是兩回事。如同當男性和女性探討婚姻生活時，他們對於「浪漫」「責任」「情感」這些詞，也都會有不同的解讀。

再例如，管理者常對員工說：「你要為自己工作！」員工對此根本不買帳，因為他們對「為自己工作」的理解，與管理者說的那套完全不同。也就是說，兩個人之間基於年齡、性別、職業的不同，內在的主觀世界往往大相

徑庭。因此，當我們想翻譯對方的主觀體驗時，可以試著用以下的詢問方式推敲：

「你說的是……這個意思嗎？」

「你說的……能舉個例子嗎？」

「我理解的是……，你的理解是這樣嗎？」

小測驗

為幸福下定義

在聚會中，讓每個人都寫下「幸福」的定義。看看大家對幸福的理解有什麼不同？

打好比方

煉鋼廠在兒童節那天，接待員工的孩子參觀廠房。在為小朋友解釋煉鋼有「電煉」和「火煉」兩種不同方法時，怎樣才能讓孩子明白呢？技師想出了一個好辦法。

「小朋友，你們在家看過媽媽煮飯嗎？」

「看過！」

孩子們興奮地七嘴八舌起來。

「是不是要先在鍋子裡裝好米？那還要放入什麼呢？」

「還有水！」孩子們爭先恐後地說。

「答對了！然後我們是不是就開始煮飯了？有的人家裡會用電鍋，插好電，再按下開關。有的人家裡，會把裝米的燜燒鍋直接放在瓦斯爐上，然後開火，煮熟了再把火關掉。」

「我們家是電鍋耶！」

「我媽媽是用瓦斯爐。」

「好，大家都很聰明呢！煉鋼其實也是一樣的唷，我們先把材料放進這個大鍋子裡後，可以用電煉或火煉兩種方式來『煮飯』。等時間到了，這個大鍋子裡面就會變成鋼，像香噴噴的米飯煮好了一樣。」

就像以上的例子，打比方有以下三個步驟如下。

第一步：尋找標的物

我們需要根據對方的理解能力、認知水準、人生經驗，去思考該選擇用什麼方式、什麼「標的物」來打比方。這個標的物可以是物、人、事或過程等等。

第二步：確認標的物

確認打比方的這個標的物，對方是否熟悉。例如，「小朋友們，你們在家看過媽媽煮飯嗎？」

第三步：類比要說明的事物和標的物

先描述標的物的特點，再描述要說明的事物特點。兩者對照。例如上述的：「有的人家裡會用電鍋，插好電，再按下開關。有的人家裡，會把裝米的悶燒鍋直接放在瓦斯爐上，然後開火，煮熟了再把火關掉。」

小測驗

打比方的練習

請你使用打比方的方式，為從來沒點過外送的長輩，講解一款外送 App 的操作步驟。

融入團體

1. 使用相同的詞彙

觀察新接觸的單位、團體或家庭說話時常使用的詞彙，是良好溝通的開始。因為與他人的主觀經驗世界進行順暢交流時，最便捷的方式就是使用相同的詞彙體系。不僅僅要「翻譯」詞彙，還要同時理解這個詞背後的感覺。

又例如，今日的網路語言成為現代人交流不可或缺的元素，連官方媒體也在公開發佈的新聞、談話中使用。因此使用相同的詞彙，是在溝通中同步體驗最好的橋樑。

2. 適應節奏和習慣

除了詞彙不同，每個團體也都有自己的溝通節奏和習慣。有的溝通節奏很快，有的溝通要按流程操作；有的人週末不談工作，有的人 24 小時隨時需要回覆。不同聯絡者、不同主管有著不盡相同的節奏和習慣。

3. 熟悉規則和忌諱

在網路或遊戲公司參加一個重要會議時，可能穿著休閒 T 恤是沒有人介意的，女同事不化妝也不會有人覺得不妥。然而，在日本公司的洗手間，你可以隨時看到補妝的女同事。在公共空間裡要低聲說話，甚至保持沉默，也是日本公司不成文的規則。熟悉規則和瞭解忌諱，同樣可以讓你在溝通中避免尷尬、犯錯。

跨出專業

很多時候，我們必須說明他人沒聽過的事物，或解釋專業詞彙，但說明了半天對方的表情還可能是一臉困惑，根本沒聽懂。對此，我們總會感嘆：「唉，夏蟲不可語冰。」其實，能讓夏蟲明白「冰」這個詞的人，才是真正的溝通高手。

國外有句諺語「Say it simple and stupid.」翻譯過來就

是，講話既要簡單也要蠢笨。蠢笨不是真的笨，而是一種通俗易懂、深入淺出、讓別人能夠聽懂的大智慧。在溝通時，這對於專業人士來說尤為重要。

1. 尋找大眾化的詞彙

精神分析是心理學理論中最艱深晦澀的治療流派，其內容龐大、分支繁雜，各種專業詞彙縱橫交叉，讓很多感興趣的門外漢望而卻步。

雖然「原生家庭」「依戀」「防禦」等詞已經開始進入公眾的視野，但是想把這一套學問介紹給一般人，還是有一定的挑戰性。很多有智慧的老師會尋找大眾化的詞彙，翻譯出學問的精髓。

例如，張久祥老師在講解防禦機制時，是這麼解釋：防禦機制，就是人行走社會穿的「盔甲」；「投射」這個防禦，就是以己度人；「迴避」這個防禦，就是一朝被蛇咬，十年怕草繩。他將專業術語對應到通俗詞彙，走出了專業知識的限制，讓一般人也能用簡單的方式理解。

2. 轉化成通俗的印象

婦產科男醫生「老六」，是一個在網路上很受歡迎的婦科知識科普作者。最近他出了一本書叫《女生呵護指南》，為了讓科普知識簡單易懂，他想了很多辦法。例

如，用口紅色號來說明經血顏色和健康的關係，用甜甜圈來比擬子宮頸的各種狀態，用西瓜來比擬人工流產的過程等等。當嚴謹精密的醫學知識，變成了身邊常見的通俗體驗，專業開始變得生動且生活化。

3. 尋找相同的規律

　　隨著網路劇的流行，你會發現無論故事的節奏還是劇中人物說話，速度都變快了。對於劇本創作者來說，敘述故事的方式，不再是傳統的單一線索敘事，不再圍繞著同一個人物起承轉合。

　　他們會採用多線索敘事、板塊式的結構，於是人物和情境變多了，有限時間內的訊息量也變大了。這很符合現代人節奏快、觀看時間碎片化、資訊接收方式碎片化的特點。

　　同樣地，知識課程也開始搬到網路上了。如今許多知識付費課程流行於網路，課程內容同樣變得情境化、碎片化、快節奏化。聽一位老師長篇大論、娓娓道來的課程形式漸漸消失了，這是受現代聽眾的心理特點和收聽習慣所決定的。

　　身為編劇、講師者，可以在這些共同規律上多交流，相信不僅可以引起雙方的共鳴，還可能實現跨界的整合，給各自增添不少新的思路和啟發。

　　如果你讀過南懷瑾先生的《金剛經說什麼》，相信就會有這樣的體會。南老先生深入淺出、通俗幽默，把一部經典講得生動有趣，讓不同背景的人得到不同收穫。另外，讀者若在人生的不同階段重溫，還會有不同的感悟。恐怕這就是超越專業的最高境界了。

專業術語打比方的刻意練習

你需要解釋的一個專業術語	
聽眾是什麼樣的人	
基於對聽眾的理解，你打算怎麼打比方、舉例	
你用什麼方式確認對方聽懂了這個表達	

方法 13
充分傳達非語言訊息，
想想自己「我是怎麼說的」

非語言訊息就是你的「氣場」

　　1960 年 9 月 26 日，美國總統競選辯論第一次在電視上進行轉播。從此誕生了第一位「電視總統」甘迺迪，同時也讓大家開始關注個人氣場的意義，形象顧問開始成為一個新興職業。候選人在電視直播中的表現不再僅僅取決於言論，還與穿著、姿勢甚至化妝效果密切相關。

　　辯論當天，尼克森總統臉色蒼白並面帶鬍鬚，在錄製現場的燈光照射下，還出了很多汗，導致粉底被汗水沖出隱隱約約的溝痕。在著裝上，他身穿的淺灰色西裝，與台上的背景近乎一致，更突顯出蒼白的膚色。

　　而另一邊，甘迺迪總統幹練的髮型為他增色不少，一身深色西裝也讓他在畫面中成為焦點。他把雙手端正地放置於穩穩翹起的腿上，顯得尤為自信，充滿了魅力。於是，民眾似乎記不太記得他們發表了什麼政見，卻把選票投給了心目中擁有「總統氣場」的甘迺迪。

美國心理學教授艾爾伯・梅若比（Albert Metowbian）經過大量研究，歸納出個人在公眾溝通中，個人魅力的展現公式：

個人魅力＝身體語言 55%＋聲音語言 38%＋言辭語言 7%

這意味著，你的個人魅力，也就是你的氣場，有 55% 來自身體語言的塑造，38% 來自聲調、音量、音色傳遞的感覺，只有 7% 來自言語的內容本身。但人們習慣於把焦點放在「你說了什麼」「我要去說什麼」，往往忽略了在溝通中引發紛爭的導火線，大部分來自於「我是怎麼說的」。

對非語言訊息的誤解

1. 不要照本宣科

非語言訊息包括很多內容：身體的動作、表情、眼神、聲音、觸碰、著裝、外貌等等。我們對非語言訊息的各項研究，已經越來越專業化。例如，服飾與禮儀、聲音的控制技巧，已經從專業領域進入職業化、生活化社交的領域。此外，微表情、人際距離學等研究，也獨立成為一門新興的學科。然而，隨之而來的問題是，我們在生活和工作中，一定要按照這些研究標準來操作嗎？

在最新的人際距離學中，人類學家愛德華・霍爾（Edward Hall）定義了我們在日常生活中的四種距離：親密距離、個人距離、社交距離和公共距離，這四種距離分別代表著人際關係的遠近。

霍爾還指出每種距離的數值：親密距離為 0.5 公尺內，多發生於私人情境中；個人距離在 0.5 到 1.2 公尺之間，人們可以在這個距離內進行溝通；社交距離為 1.2 到 3.6 公尺之間，這個距離大多是商業行為；3.6 公尺以外是公共空間，幾乎不會發生一對一的談話。

那麼問題來了，我們和別人交流的時候，難道要帶尺測量距離嗎？在擁擠的車站與旅遊景點時，是否允許無時無刻保持一定的距離？老闆和你談話時，你是否要該站在 0.5 公尺外？

關於非語言的交流習慣，受文化、性別、地域影響差異很大，照本宣科反而會讓你顯得不夠大方，甚至東施效顰。我們要體會的是，這些標準背後所隱藏的，也就是提升個人氣場和魅力的「本質」。

例如，對於社交距離，本質上講的是人與人之間的安全感，但要根據不同的情境，去體會「安全」的感覺，而非單純地計算距離的長短。這時候，你會在實踐中發現，所謂安全的社交距離就是兩個人握手的時候，兩隻手剛好可以接觸到又不會太貼近的那個距離。雙方在此距離中，

近一步可以互相給一個擁抱，退一步也可以隨時抽身而走。進退自如不就是社交活動中最安全的距離嗎？

2. 在情境中體會意義

有一部知名美劇《別對我說謊》（*Lie to me*），是根據行為學專家保羅・艾克曼（Paul Ekman）博士的真實研究及其暢銷書《說謊》（*Telling Lies*）改編的，講的是調查小組經由對面部表情和身體動作的觀察，來探測人們是否在撒謊來還原案件真相的故事。

電影中把各種細緻入微的非語言觀察，演繹得出神入化。摸一摸鼻子、聳一聳肩膀，都成為直接識破人心的方法。然而，這些「訣竅」真的有用嗎？某個小動作、小表情一定代表著相應地心理反應嗎？

事實上很多非語言訊息，特別是身體姿勢和個人習慣關係很大。例如，蹺二郎腿，把手放在口袋裡，這可能只是我們在某個環境裡養成的習慣，並非完全對應於研究中所得出的意義。

再例如，雙臂交叉放於胸前，很多人就有這個習慣動作，甚至有可能是身體不適而下意識做出的「保護」動作，不意味如教科書所上說的「拒絕」意思。此外，在拍照時，特別是商務人像攝影，很多攝影師都特別喜歡讓客戶擺出這個雙臂交叉在胸前的姿勢，再配合自信的微笑，

會傳遞出成功、氣宇軒昂的氣質，而這似乎與理論中的解讀大相徑庭。

所以千萬不要相信每個動作都有固定的解讀，人的每一個下意識行為，都有複雜的前因後果，和性格、經驗、相關的情境等因素息息相關。我們必須把這些非語言訊息，放在特定的情境中分析才有意義，不可只作單一解釋。

3. 不要忽略語言的溝通

艾爾伯·梅若比的魅力公式告訴我們，言語的訊息只佔個人魅力中 7% 的比例。那麼這是不是就意味著，對言辭的表達及內容的斟酌就不重要了呢？當然不是，我們不能忽略這個公式提出的背景。這個公式的研究，並沒有加入複雜的人際關係因素，也就是說這只適用於廣泛的公眾場合的社交。

也可以理解為，此公式更適用於人們的第一印象。一旦涉及比較深的人際關係，特別是真正的親密關係，這些非語言訊息，慢慢地變成性格特點和整體印象的一部分，對方已經很熟悉或接受，這時候它傳遞的影響力就不如一開始那麼大了。

這就像你有一個大嗓門的朋友，剛認識時的確覺得他有點太「高調」，可是時間一久和他相處過後，發現他並

不是一開始想像中那種喜歡受人矚目的人，也就漸漸不在意初次印象了。

三招掃描自己的氣場

1. 拍照之前看看表情

在 55% 的身體語言中，衣著打扮、肢體動作、握手等是我們比較容易注意到的，而最容易忽略的是表情。

你的臉上，藏著你的故事。一個人的臉，是別人初次見面時，做出直覺判斷的依據。所以，你可以試著在拿起手機準備自拍之前，有意識地留意還沒擺出表情之前的「元表情」，也就是你一個人獨處時候的樣子。你的眉頭是否皺著？你的眼睛是否有神？你的嘴角是向上還是向下？你的「元表情」是你在與人交往中，一旦放鬆下來無意識中的真實狀態。

2. 回聽自己的聲音

每個人每天都需要說話，但如果我們不是一個專業依靠「聲音」工作的人，如播音員、服務人員、主持人，很難真正知道自己的發音、語調和語速在溝通中的表現。想留意這個表現，其實非常簡單，就是利用 LINE。

用 LINE 傳語音已經成為一種普遍的溝通方式，但不

知道大家是不是有回聽自己聲音的習慣。其實每次發完語音，如果你能回聽一下，就會對自己的聲音形象有一個大致的瞭解。

我們對自己不必像主持人那樣要求很高，也不必請專家來分析，只要聽一聽自己的聲音是否夠穩定、有力量、親切，就能有很多發現，從而做出有意識的調整。相信經過一段時間的有意識調整，你的音調、語速、聲音的感覺，都可以達到令自己比較滿意的狀態。

3. 吃飯時想想吃相

我們對於自己體態、姿態的覺察，也是日常一個重要的功課，行走坐臥之間均反映出精神狀態。你是否有過這種經驗，對於接受過軍事訓練和姿態訓練的人，覺得他們身材特別挺拔，總是挺胸抬頭，站如松坐如鐘，有一種特別的氣質，的確可以作為我們努力的方向。但還有一個特別容易暴露「原始狀態」的情況，千萬不要忽略，那就是用餐時的吃相。

人們在吃飯的時候，特別容易回歸「自然態」和「生物本能」，因而特別容易原形畢露，所以，你的教養都在你的吃相裡。下次不妨在吃飯的時候，下意識地停下筷子，體會一下自己的狀態。是否吃得太快、太急？嘴裡是否會發出聲音？頭是否埋得太低了？你與食物的關係，默

默地傳遞著你和整個世界的關係。

三招改善自己的氣場

1. 微笑

　　20 世紀 80 年代，心理學家做了一項關於微笑的心理學實驗。實驗將參與者隨機分為兩組，觀看同一部影片，影片的故事情節有喜有悲。第一組人被要求用牙齒咬住鉛筆，以微笑狀態觀看；第二組人被要求嘴唇抿著鉛筆，嘴角呈向下狀態觀看。

　　研究結果發現，以微笑狀態看影片的參與者，會從中看到更多令人開心的事情，始終保持愉悅的情緒；而嘴角向下的參與者，受影片中難過的情節影響較大，情緒頗為悲觀。

　　人們的面部表情和內在情緒，往往會無意識地同步。因為大腦可以感受到特定面部肌肉的收縮：當你上揚嘴角的肌肉，大腦會認為你遇到高興的事，許多正能量的畫面，自然就被記錄下來。

　　同樣地，當你皺起眉頭，大腦會認為你正在生氣或擔憂，會鎖定不開心的畫面並記憶。所以，當你微笑的時候，會同時感受到積極的情緒，這也會對心情產生巨大的正面影響。

在現實的社交生活中，微笑和打哈欠一樣，也具有傳染性，因為「鏡像神經元」（mirror neuron）會讓我們感覺到和微笑的人產生同步。所以如果你願意表現出更多微笑的話，也會讓身邊的人情緒好起來，你的氣場自然就有了正能量。

2. 站姿

德國科學家曾做過一項研究，讓每個被試者先後選擇兩種站姿。一種看上去很自信，另一種看上去很猶豫。然後，讓人們分別在這兩種狀態時做決策。測試的結果是，人們在站姿很自信時會更有決斷力。這個研究可看出，自信的姿態會讓人對自己的想法更加有信心。

在另一項研究中，研究人員把被試者分成兩組，讓其分別採取自信或者疑慮的姿態，然後告訴他們，他們在測試中的表現都非常棒。過一會，研究人員又讓被試進行另一個較困難的任務，姿態疑慮的那組很快就放棄了；而姿態自信的一組則願意嘗試更多次。這些被試在先前都曾被表揚，但是採取自信姿態的那組，顯然更相信這些訊息，並把它們內化了。

自信而舒展的姿態也會調節大腦，讓人感覺到振奮。哈佛大學的研究人員發現，當人們維持開放舒展的姿勢時，雄性激素的數值會上升，而壓力激素皮質醇則會下

降；反之，無精打采的姿勢會降低活力。在高度抑鬱的人身上，這種影響更加強烈。嚴重的抑鬱症患者往往也有很多身體姿態問題，姿勢上的改變，將對他們產生非常巨大的影響。

　　站姿除了會對個體有影響外，也會產生社交影響。其他人會覺察到你的狀態，並且對你的姿態做出有意識或無意識的回應。如同我們都會被身邊經過的儀隊所振奮一樣，你的良好站姿也會自然生成一種強大的氣場。

3. 眼神

　　對非語言的識別經驗，自古就有研究。曾國藩在識人時非常注重眼神，有次李鴻章帶了三個人介紹給他，曾國藩還沒有正式約談他們，就說已經心裡有答案了。

　　李鴻章對此很驚訝，曾國藩解釋道：「在散步時，第一個低頭不敢仰視，是一個忠厚的人，可以給他個保守的工作；第二個喜歡作假，在人面前很恭敬，等我一轉身便左顧右盼，將來必定陽奉陰違，不能任用；第三個人雙目注視，始終挺立不動，他的功名將不在你我之下，可委以重任。」後來三個人的發展，果然不出曾國藩所料，而第三個人就是劉銘傳。

　　眼睛是心靈之窗，也能展現出一個人的氣場。眼神中藏著勇氣、志氣和骨氣，包含著經歷、經驗和故事。氣場

強大的人，眼神通常非常堅定、目不斜視、熠熠生輝。談話的時候，目光既專注又帶著尊重。眼神是個人魅力與否最重要的關鍵，修煉你的目光，必定能為你的氣場加分。

提升氣場的刻意練習

請根據本章的內容及相關知識，找出可以提升自己非語言氣場的要素，並制定相應的提升計畫。

非語言氣場要素	提升計畫
1. 著裝	
2. 身體姿勢	
3. 常用手勢	
4. 溝通中的小動作	
5. 微笑和表情	
6. 眼神	
7. 與他人的距離感	
8. 語音、語調、語速	
其他	

方法14

練好基本功：
設計你說出的每一句話

台詞決定人物命運

1. 編劇和他們的故事

製片方在拿到劇本的時候，經常會抱怨編劇對人物的描寫不夠精彩，使角色「站不穩」。除了劇情和人設外，還有一個重要的關鍵，就是對於台詞的編寫，無法突出角色的性格特點，使這個角色不具可識別性。

在一部精彩的劇本裡，即使有眾多角色，你也會發現，在優秀的編劇筆下，幾乎沒有哪兩個角色的台詞是一樣的表達風格。你幾乎可以經由劇本中的某句台詞，迅速推斷出是劇中哪一個人物說的話。這是因為，語言的表達方式和內在的人格特徵有關，具備非常深刻的個人烙印。而日常生活中的每個人，也都有屬於自己的「台詞」特色。

2. 不要去想白色的熊

　　當我們說出一件事時，通常是有意識而為之的，但你的表述方式卻往往是一種無意識的習慣。例如，當我們表達禁止的時候，會自然說出：「不要做！」但實際上效果如何呢？

　　有一個經典的心理學遊戲，就是不斷對參加者重複一句話：「請不要去想一頭白色的熊。」「不要想一頭白色的熊，白色的。」

　　你會發現，當這句話不斷被重複時，腦海裡必定全是白色的熊。這是為什麼呢？

　　原來，無意識的接受方式無法識別「不」。雖然意識告訴我們這是被禁止的，但無意識卻會不斷被白色的熊所刺激，反而不斷浮現出白色的熊。如此就可以解釋，為什麼很多時候我們越責備孩子「你動作怎麼這麼慢」，孩子反而會越來越慢。你的每一句台詞，都自帶能量、你所強調的、所擔心的，往往會成真。

3. 小台詞，大作用

　　S 是位中學老師，講課時為了讓每位同學盡可能地集中注意力、聽清楚要點，她總會反覆講解，並經常詢問：「這道題，大家聽懂了嗎？」「這個公式懂了嗎？」她從不覺得這麼做有什麼不妥，也沒有哪位同學對此提出過質

疑。「聽懂了嗎?」也成了她的口頭禪。

　　一天,她在家裡與先生溝通,一番交代以後,再次脫口而出「你聽懂了嗎?」但正好先生今天在工作上遇到了煩心的事,本來心情就不好,聽到這句話後頓時情緒就上來了:「你可不可以不要這樣說話,是在教訓孩子嗎?」S當下愣住了,她沒想到自己的這一句話,竟然引起先生如此大的反應。

　　事後,她仔細回想自己的表達方式,還真沒發覺這一句「你聽懂了嗎?」會使人造成如此大的壓力。不過這難不倒她,她很快就做出調整,把這句話改成「我講清楚了嗎?」並使用在自己的課堂上。沒想到,這個不經意的改變,竟然大大改善了她和學生之間的關係。

　　同學們都紛紛反應:「老師您最近很溫柔」「老師您好像有點不一樣,我上課一點也不緊張了」同學們感覺到了老師的改變,但是對於S老師具體做了些什麼,他們卻不太清楚。

　　但S自己很清楚,她只是把「你聽懂了嗎」改成了「我說清楚了嗎」。她萬萬沒想到,這一句小「台詞」,竟然產生了大作用。

警惕讓你扣分的台詞

1. 太過獨斷型語言

「你一定是⋯⋯」

「我從來不⋯⋯」

「本來就應該⋯⋯」

中國有句俗語：「話到嘴邊留半句，理從是處讓三分。」意思是在與別人爭論時，即使你是對的，也不要得理不饒人。也就是說，太過獨斷的台詞需要想清楚再說出口。當然，在一些特殊的時刻，例如，需要維護自己的尊嚴和立場、需要主持正義和公道的時候，擲地有聲、簡單堅決表達的當下，說話獨斷一些也不為過。

2. 不能承擔型語言

「這是規定，我沒有辦法。」

「這件事和我沒關係。」

「這件事情我可幫不了你。」

很多時候，面對這樣說話的合作夥伴、同事、服務人員，內心總會升起一股無名火，生氣的原因不是因為被拒絕，而是對方拒絕承擔的態度。如果我們想成為有責任感

的人，就要警惕這樣的表達方式。但萬一當你的確無法幫助別人時，可以使用下面幾個技巧妥善表達：

(1) 把「我」換成「我們」

「這是規定沒辦法改變，我們就試著理解吧。」

(2) 坦述事實在先，給出方案在後

「這件事是○○部門負責的，要不要幫您轉接一下窗口呢？」

(3) 減少絕對，降低焦慮

「目前我們部門，對於這個問題暫時還沒有太好的解決辦法。」

3. 能量不足型語言

(1) 被動的表達

把被動的「我不得不……」「我必須得……」換成「我決定……」「我選擇……」。

(2) 洩氣的表達

把洩氣的「那太難了」「我沒辦法」換成「我至少能做到這個程度」「我先試看看這樣行不行」。

美國心理學家塞利格曼，做過一個著名的「習得性無助」（learned helplessness）經典實驗。他把狗關在籠子裡，只要蜂鳴器一響就給予電擊，一開始狗被關在籠子裡逃避不了電擊，只能默默承受。

　　經過多次實驗後，某次對狗電擊前，先把籠子的門打開。但這次蜂鳴器響之後，儘管門已經開了，狗卻沒試圖逃走，而是在電擊開始前，就先倒在地上呻吟和顫抖。本來可以主動逃離，卻變成絕望地等待痛苦的來臨，這就是習得性無助。

　　語言就像蜂鳴器，如果我們不斷發出被動、洩氣的表達，最後會演變為還沒把話說出口，就對自己感到沮喪了，如同實驗中的狗一樣。

4. 問題導向型語言

　　「出了什麼問題？」

　　「為什麼會導致這個結果？」

　　「是什麼原因，有什麼限制？」

　　「是誰的責任？」

　　問題導向的語言，會讓我們無止盡被糾纏於問題之中，而答案仍然不會出現。所以我們需要學會把問題導向型語言，轉化為資源導向型語言，去尋求解決的方案和更多的可能性。例如以下：

　　「我想要什麼……」

　　「我怎麼做能達成目標……」

　　「我有哪些可以用的資源……」

「我可以向誰尋求幫助……」

豐富自己的台詞風格

我們接收外界的訊息時，需要使用五感：形、聲、聞、味、觸，也就是視覺、聽覺、嗅覺、味覺、觸覺，這是我們的外感官。當外感官接收到訊息傳入大腦後，接下來的儲存及運用，則需要內感官的參與。內感官只有三個，即內視覺、內聽覺、內感覺（如 P.185 表 4-2 所示）。而味覺、嗅覺、觸覺的訊息，都統一存儲在內感覺裡。

我們對世界的認知，是憑藉內感官而存在的，我們的思考和表達，也都需要從內感官內提取數據，參與完成。在成長的過程中，每個人都會不自覺地選擇使用一個或多個內感官。多用景象做思考的人，稱為視覺型；多用聲音、語言做思考的人，稱為聽覺型；多用感受做思考的人，則屬於感覺型。

1. 感官類型測試：調動回憶

請你閉上眼睛，回憶你聽過的最重要一場演唱會或一次演出。

A. 你的腦海裡出現仔細的畫面，顏色豐富、表演者

的服裝清晰。

　　B. 你的腦海裡出現了歡呼聲、尖叫聲和音樂的旋律。

　　C. 你感覺整個人又回到了現場，空氣裡有煙火的味道
　　　　和激動的心情。

　　測試結果：A 是視覺型，B 是聽覺型，C 是感覺型。

2. 感官類型測試：話語表達

視覺型的人會這麼說：

「你怎麼看這件事？」

「前途是光明的。」

「秋天，滿地落葉一片金黃色。」

「她打扮得十分亮麗。」

聽覺型的人會這麼說：

「讓我們談談這件事吧。」

「你們討論過事情的細節嗎？」

「有反對的聲音也不要緊。」

「他說話的聲音真好聽啊！」

感覺型的人會這麼說：

「對這件事情，你有把握嗎？」

「你說的，我需要消化一下。」

「任何成功都會充滿艱辛和挑戰。」

「他是一個很讓人安心的人。」

滿足「內視覺型」者的眼睛

1. 與內視覺型者溝通方法

- 他很難長時間集中注意力，所以說話要簡短扼要，保持輕快節奏。
- 多用手勢配合說話的內容，盡量多一些變化。
- 多使用顏色、色彩和畫面，吸引他的注意力。
- 與他分享情境，也鼓勵他想像情境。
- 討論事情的時候，多問他有什麼看法？

2. 提升自己內視覺的方法

- 用眼睛去數數後記憶，如台階數、天花板上的電燈數、座位上的人數等等。
- 看眼前的風景，然後閉上眼睛，在腦海裡把景象逐一再現。
- 用內視覺去想像某些人和某些事物的模樣，細節越多越好。

滿足「內聽覺型者」的耳朵

1. 與內聽覺型者溝通方法

- 當對方說話的時候多點頭，以表現出用心聆聽。
- 用有變化的語氣、柔和的聲音，和高低快慢的聲調，來表達你的意思。
- 在寧靜的環境，或輕緩的音樂中和他對話。
- 要一步一步地說明白、強調次序並適當重複。
- 討論事情時，先問他對事情是怎麼想的，並和他一起想想還有什麼可以補充的。

2. 提升自己內聽覺的方法

- 留意環境中的聲音，逐一分辨出來源。
- 說話時有意識地注意自己的聲調。
- 聽別人說話時，有意識地從說話者的聲調中感受其情緒狀態。

滿足「內感覺型者」的內心

1. 與內感覺型者溝通方法

- 盡量多與他面對面傾談，說話語調緩慢低沉，並且用輕鬆的態度對待他。

- 他渴望被瞭解及被接受，因此盡可能地多詢問他的感受。
- 多提及過去的經驗和心得，他很在乎本身的感覺。
- 讓他多接觸實際的人事物，製造感覺。
- 討論事情時詢問：你覺得怎麼樣？你覺得這樣好嗎？還有什麼擔心的地方嗎？

2. 提升自己內感覺的方法

- 每當內心有情緒或感受時，在心裡用文字描述它。
- 用心體會各種感覺：行走坐臥、吃飯吞咽，感受自己的身體。
- 與眾人同處時，注意每一個周邊朋友的感覺和反應。

表 4-2 ▶▶內感官表現對照表

視覺型表現	聽覺型表現	感覺型表現
說話時眼睛經常望向上方	說話時眼球常左右轉動	說話時眼睛經常往下看
說話時手勢多，靈活不死板，雙手舞動的位置接近頸部的高度	說話時有適量的手勢，雙手舞動的位置接近胸部的高度	說話緩慢且手勢不多，雙手的位置接近腹部
看事情常常追求背後的意義	說話很流暢，沒有中斷	說話時，常有欲言又止的情況
說話簡明扼要	說話內容多但常重複	經常提及往事、感受
說話時，身體語言多，動作大且快	說話時常有重複動作，如搖腿、腳底拍打地面、手指打節拍或身體左右搖晃等	說話時身體動作不多，即使有也是緩慢的動作，雙手常左右握在一起
說話速度很快，聲調單一	說話的聲調抑揚頓挫，富於變化	話少，語速很慢
言語中常有描繪景象的文字，如一片光明、青山綠水	言語中經常出現關於聲音的詞彙，如咚咚、鏘鏘	言語中經常出現與感覺有關的用字，如壓力、把握、掌控
言語中經常描繪事物的數量、顏色和位置	說話時經常出現意義不明確的形容詞，如有關人士、應負的責任、充分合作	說話中常出現抽象的詞彙，如安全、妥當、公平
被問到問題時，能馬上回答，且回答簡短	回答時總是長篇大論	被問到問題時會想一下才回答

（接下頁）

視覺型表現	聽覺型表現	感覺型表現
陳述時，總是想以最少的文字說明	陳述時習慣長篇大論	陳述時總是強調意義
常常就與外表有關的內容對別人進行評論	常常針對別人說過的話進行評論	常常針對別人的態度與心態進行評論
走路時快步行進	走路的姿勢有韻律感	走路緩慢
坐著時只坐椅子前半部分	坐著的時候，腳有打拍子的動作	坐著的時候，身體占滿整張座椅
做事快速，能同時處理多項任務，如同時看幾本書	喜歡一邊說話一邊做事	做事速度慢，常有怡然自得的感覺
與朋友在一起，常有類似競賽的表現	與朋友在一起，往往是說得最多的人	與朋友在一起時，往往是最安靜沉默的那個人
喜歡旅遊	喜歡打電話與寫信	喜歡去特別有意義的地方
喜歡看電視	喜歡聽音樂	喜歡回憶往事
很在乎衣服的顏色搭配	穿衣服很注意場合	穿衣服講究舒服，所以常常穿寬鬆的衣服
回憶往事的時候，多會想起景象	回憶往事的時候，經常想起曾說過的話，或常分析出一些道理	回憶往事的時候，多想起感受或情緒
逛街買東西時，喜歡四處走動和觀看，不愛說話	逛街買東西的時候，喜歡向店員索取資料，喜歡聊天	逛街買東西的時候，喜歡把商品放在手裡或穿戴在身上體驗

（接下頁）

視覺型表現	聽覺型表現	感覺型表現
買東西注重外形和顏色	買東西時，會說出很多買與不買的理由	看心情買衣服
看電影在乎的是外貌出眾的明星	看電影在乎的是精彩的對白	看電影在乎的是感人的情節、緊張的氣氛
旅遊時在乎的是悅目的風景	旅遊時在乎的是結伴同行，有說有笑	旅遊時在乎的是輕鬆開心
買新房子在乎的是屋內光照是否充足，窗外景致是否美觀	買新房子在乎的是環境和室內的寧靜	買新房子在乎的是環境是否安全，屋內是否舒適

聽語音重播的刻意練習

無論是重要的談話，還是隨意的聊天，你都可以養成在發送語音的後聽重播的習慣，然後記錄自己的發現。

我的發現	我的提升計畫
1.	1.
2.	2.
3.	3.
4.	4.
5.	5.

NOTE

國家圖書館出版品預行編目（CIP）資料

哈佛、牛津認證的子彈人脈說話課：快速破冰、打動
人心，跟誰都能有效溝通的14個技巧！／張心悅著.
-- 新北市：大樂文化有限公司，2023.02
192面；14.8×21公分 （優渥叢書 BUSINESS；85）
ISBN 978-626-7148-42-6（平裝）
1. 說話藝術　2. 溝通技巧　3. 人際關係
192.32　　　　　　　　　　　　　　　112000880

BUSINESS 085

哈佛、牛津認證的子彈人脈說話課
快速破冰、打動人心，跟誰都能有效溝通的14個技巧！

作　　者／張心悅
封面設計／蕭壽佳
內頁排版／王信中
責任編輯／林育如
主　　編／皮海屏
發行專員／鄭羽希
財務經理／陳碧蘭
發行經理／高世權、呂和儒
總編輯、總經理／蔡連壽
出 版 者／大樂文化有限公司（優渥誌）
　　　　　　地址：220新北市板橋區文化路一段268號18樓之一
　　　　　　電話：（02）2258-3656
　　　　　　傳真：（02）2258-3660
詢問購書相關資訊請洽：2258-3656
郵政劃撥帳號／50211045　戶名／大樂文化有限公司

香港發行／豐達出版發行有限公司
地址：香港柴灣永泰道70號柴灣工業城2期1805室
電話：852-2172 6513　傳真：852-2172 4355

法律顧問／第一國際法律事務所余淑杏律師
印　　刷／韋懋實業有限公司

出版日期／2023年2月23日
定　　價／260元（缺頁或損毀的書，請寄回更換）
I S B N　978-626-7148-42-6